浄土を生きる

桜井《さくらい》鎔俊《ようしゅん》

法藏館

浄土を生きる＊目次

装幀　井上二三夫

〈凡例〉この本を読まれる前に

1．聖典は、原則として本願寺出版社発行の『浄土真宗聖典註釈版』と『浄土真宗聖典七祖篇』を使用した。

2．（聖典○○頁）とあるのは『浄土真宗聖典註釈版』の頁をさす。
　聖典の表記では、後半の『観無量寿経』については、【　】でくくった。文の途中からの引用、また、途中から省略の場合は、「……」で示した。促音は小さく表記し、歴史的かなづかいは現代かなづかいに直した。例、「もつて→もって、すくひ→すくい、ゆゑに→ゆえに、すなはち→すなわち、おほよそ→おおよそ」など。

3．（　）内の注はすべて編集段階でおぎなった。短文の場合はその直後に、長文の場合は巻末補注に記した。参考書としては、次の辞書を使った。
『仏教大字彙』（龍谷大学編、冨山房）／『真宗辞典』（河野法雲・雲山龍珠編、法藏館）／『仏教辞典』（中村元・他四人共著、岩波書店）／『仏教語大辞典』（中村元著、東京書籍）／『浄土真宗聖典』巻末註（本願寺出版社）／『学僧逸伝』（井上哲雄著、永田文昌堂）／『真宗新辞典』（金子大榮・大原性実・星野元豊編、法藏館）

4．「法然聖人」の表記は、真宗では一般に「法然上人」と書く慣わしになっているが、親鸞聖人、覚如上人、蓮如上人らの著述にならって「法然聖人」とした。

5．蓮如上人のお手紙を集めたものを、大谷派（お東）では『御文』、本願寺派（お西）では『御文章』と表記するので、口述者の工夫で『御文章』と書き、「おふみ」とふりがなをつけた。

浄土を生きる

はじめに

現代の青年たちが、宗教の座談会の席上においてかならず質問するのが、地獄・極楽があるかないかという問題であります。これは、ヒューマニズムの盛んな現代におきましては、かならずおこってくる疑問であります。そうしてその解答を与える宗教家自身の頭が、やはりヒューマニズムの洗礼を受けておりますために、とかく、地獄・極楽をば主観的にのみ解釈してゆこうとする傾向にあります。

これにつきまして浄土真宗の本願寺派では野々村直太郎氏の『浄土教批判』（一九二三年刊）の問題がもちあがり、大谷派では金子大榮《だいえい》氏の『浄土の観念』（一九二五年刊）の問題、浄土宗では友松圓諦《えんたい》氏の「真理運動」（一九三八年）が問題になったのであります。

この問題につきまして、私自身が学生時代にひじょうに悩みまして、諸所方々に名師（学徳兼備の先生）の門をたたき、教えを請うたのでありますが、とうてい満足な解答を得られませんでした。

とうとう最後に伊勢の村田静照《じょうしょう》和上（一八三五～一九三二）を訪問いたしまして（一九一九〈大正八〉年）、ようやく落着《らくちゃく》を得ました。和上の教えを受けましても、最初はなかなかわからなかったのであります。

半年ほどたった時分に、村田和上が「『大無量寿経』を一度拝読してみよ」とおすすめくださったので、仏前にすわり読んでみました。『大無量寿経』は、幼少のときから何遍か区切りながら読んだことであり、その中に説いてある浄土はおとぎ話ぐらいに思い、当時は浄土を否定してきましたのが、再度読んでいるとき忽然《こつぜん》として（突然）驚いたのであります。

浄土の荘厳《しょうごん》の一つ一つがすらすらと肯定されたばかりか、脈々と事実として自分の心に認識されるではありませんか。浄土は、観念的な論理によって肯定されるべき世界ではなく、信心の内容として感得せられる事実であることに気づいたのであります。

それで、これらの私の得ました宗教経験を土台といたしまして、浄土の問題についてこれからお話ししてみようと思います。

浄土が肯定されてゆく方法に二とおりあります。その一つは、天親《てんじん》菩薩（三二〇頃～四〇〇頃。北インドのガンダーラ生まれ）によって示された、『大無量寿経』の要約といえる「一心」から必然的に展開してくるところの願生心《がんしょうしん》であります。その二は、『観無量寿経』によって示された実践的方法であります。

I　救いの原理——『大無量寿経』のこころ

✢浄土を受けいれる

天親菩薩は、七高僧の二番目に数えられた浄土の先覚者で、『浄土論』という著述の中で、浄土の相《そう》（すがた）を論述された方であります。その『浄土論』の最初に、「世尊《せそん》我《が》一心《いっしん》　帰命尽十方《きみょうじんじっぽう》　無碍《むげ》光如来《こうにょらい》　願生安楽国《がんしょうあんらくこく》」（世尊、われ一心に尽十方無碍光如来に帰命したてまつりて、安楽国に生《しょう》ぜんと願《がん》ず）と述べられております。教主釈迦牟尼仏《しゃかむにぶつ》に向かって「世尊」と呼びかけ、次に「我《が》」とおっしゃったのであります。まさしく仏教の信仰は、世尊と我との内面的交渉から出発し、ついに一心帰命《いっしんきみょう》の大安心《だいあんじん》に到達せざるをえないのであります。その一心帰命の信仰が、浄土に向かって願生心《がんしょうしん》をはらんでゆくのであります。

それで「一心帰命尽十方無碍光如来願生安楽国」と仰せになられたことは、信仰の必然的展開と言わなければなりません。真宗におきまして、尽十方無碍光如来の救いが受けられた姿が「一心」すなわち無疑心であるか、願生安楽国であるかは、じつに歴史的な大問題でありました。江戸時代後期に「三業安心騒動《さんごうあんじんそうどう》」といって、十数年にわたる論戦と暴力と教権と政権とが織りなしたところの大問題があったのであります。

今日《こんにち》の浄土否定の思想は、一般的にはヒューマニズムの反発であると同時に、教界内部にとりましては、願生帰命《がんしょうきみょう》に対する反動思想ではないかとも思われるのであります。

真宗の安心《あんじん》は、「浄土」に対しての信心ではないのであります。まさしく「尽十方無碍光如来」を信ずるのであります。『和讃』にも『御文章《おふみ》』にも、浄土を信ぜよといわれているところは一箇所もないのであります。

信ずるという言葉の前には、必ず「本願を」とか、「念仏を」とか、「仏智を」とか、「弥陀を」とか仰せられて、「浄土を」「極楽を」という言葉は一カ所もありません。「浄土を」「極楽を」とある言葉の次は、かならず「願う」という言葉が書いてあります。「浄土を願う」とか、「極楽を願う」というお言葉になっております。

ここが大事な着眼点で、浄土は信ぜられるところの対象ではなくして、如来の本願に目覚め、仏智の救いに安住した信心の中から、必然的に展開してくる願求《がんぐ》の世界なのであります。「欲生《よくしょう》は信楽《しんぎょう》の義別《ぎべつ》なり」（浄土の願求《がんぐ》は信心から出てくる味わい。著者『教行信証を読む』

九二頁参照）というのはこの気持ちなのでありましょう。

極楽を信じよう、浄土を肯定しようと、いかに焦っても、もがいても、信ずることも肯定することもできなかった私が、ひとたび如来招喚《しょうかん》の勅命に呼び覚まされて、振り返って『大無量寿経』の浄土を眺めたときに、全面的に受け入れられましたのは、こんなわけがあったのです。よって私は、最初に掲げました浄土肯定の二方式のうち、第一の純正思弁のコースをたどったもの、と今になって味わっております。

✣みずからを知る

そこで、皆さま方も、浄土を認識しようとする信仰の進み方を変えて、仏さまのお救いを信じなければなりません。その仏さまは、また、推理や研究によって信ぜられるものではありません。まさしく「我《が》」そのものから出発するのでありまして、入信の第一研究問題は「我は何ぞや」であります。かのデルフォイの神殿の扉に彫られた「なんじ自身を知れ」という言葉こそ、宗教の信仰を求める者にとっての、最初にきわめなければならない、それこそ宗教入門の鉄則を示されたものであります。私はまずこの鉄則にしたがって、「我」の考察から出発しましょう。

さて、「我」というものはいかなるものでありましょうか。懐疑哲学者として有名なデカルト（フランスの哲学者。一五九六～一六五〇）は、いっさいを疑いつくして、疑いつつある自己の存在だけがどうしても疑いきれないで、「われ考うるがゆえにわれ在り」といったのは哲学上の有名なお話であります。じつに、千変万化とらえがたきはこの「我」であります。

天親菩薩はこの問題について『＊倶舎論《くしゃろん》』『唯識論』＊などという大部な著述の中にくわしく論ぜられております。それらの要点を顧《かえり》みながら味わっていきましょう。

さて、「我」がなければ、この世界もない。我とかこの世界とかいうものは、どうしてできたものでしょう。古来、一派の学者は「それは偶然にほかならない」といった。また一派の学者は「神の意志によって創造せられたものである」といった。キリストは「エホバ（万物創造主）の意志」といい、インドの古代哲学者は「梵天《ぼんてん》（万物創造神）の意志である」ともいったのであります。はたして「我」は神の意志によってつくられたものならば、神は何がゆえに不完全な「我」をつくり、不自由なる世界をつくったのでありましょう。われらの理性はどうしても納得してくれません。

釈尊は、これらをすべて真理に背反《はいはん》する外道《げどう》の教えとして排されたのであります。このような有神論は、もはや現代人にうなずけないところであります。如来は、断じて「我」以外のものによって「我」や「我の世界」が成立したのではない。「我」と「我の世界」は、「我」自身がつくったのである、と教えられました。この意味におきまして、仏教は無神論であるともいわれているのであります。

無明煩悩《むみょうぼんのう》（無我という事実に暗いため心身に悩むこと）という心の惑いによって、われわれの意志や行動に誤謬《ごびゅう》（間違い）を生じ、必然的に苦しみの結果を招くのであります。これらの意志行動を仏教では「業《ごう》」といいます。業とは梵語《ぼんご》（古代インドの文章語）の「カルマ」の訳でありまして、これに身《しん》と口《く》と意《い》との三業があります。これらの行動すなわち業は、われわれの意志にともなっておこされ、その時々に消え去ってゆきつつあります。しかし、はたして消え去るのでありましょうか。否《いな》、断じて消え去ってしまわない何ものかがありそうです。これを「業力《ごうりき》」と申します。

天親論主《てんじんろんじゅ》は、表業《ひょうごう》（身業と語業が具体的表現で他人にわかること）・無表業（身業と語業が表に消えても目に見えない細かな力を残していること）と分別《ふんべつ》され、表業はその時その時に消えるけれども、無表業は消えないと仰せになりました。表面的なわれわれの意志行動は消えると も、無表業という結果を招く「種子《しゅうじ》（ありとあらゆる存在を生ずる力を植物の種にたとえたもの）」

が残るのであります。普通に行動という表現は言語と動作をさすのでありますが、大乗仏教（自らさとりを求めるとともに、多くの人びとの救いを説く仏教）はわれらの意志そのものをも、行動の中へ入れてゆくのであります。

法律では、殺害の意志それだけでは問題になりません。これを言葉に表わせば脅迫となり、行動に出せば殺人罪となります。心に思っているだけではわかりませんから、どうにもならない。しかし言語で脅迫し、手をかける前に殺そうという意志が元となっていますから、仏教では断然意志に重点をおいているのです。いっさい罪障《ざいしょう》の根本を三毒（むさぼり・いかり・おろかさ）の煩悩に帰するのは、道徳や法律よりも、もっともっと深い根本をさしているのであります。

したがって、われらの意志行動には価値の問題がおこってまいります。世間では善悪の二つをもって判断いたしますが、仏教はこのほかに「無記《むき》（善悪どちらでもなく明記できないもの）」を説く。無記にまた、有覆無記《うふくむき》（煩悩のよごれのある無記）・無覆無記（煩悩のよごれのない無記）とに分けて絶対的白紙のものと多少善悪の薫染《くんぜん》（香気がしみこむこと）を帯びるものとに分別しますが、いずれにしましても、無記なるものは果を引く作用をともなわないものであります。これらの善悪の価値をもった業種子《ごうしゅうじ》が、われらの意識下の何ものかに保持されてゆくのであります。私は学生時代に精神分析学の書物を読んだことがあります。その中におもしろい実例がありました。

ある女性に某精神分析研究家が催眠術をかけたところが、スラスラとバイブルの一章を頌《じゅ》した。不思議に思って問いただすと、十二、三のとき、奉公していた隣家が牧師の家であったため、庭先で子守をしながらこれを聞くともなく聞いていた。もちろんその一章を忘れていたのでありますが、催眠術を媒介として意識上に浮かんできたのであります。

この学説によりますと、人はいったん目に触れ耳にしたものは、絶対に消失しないという。記憶にないのは意識上にあらわれないのでありまして、意識下の意識すなわち前意識にはかならず記憶されているというのであります。忘却《ぼうきゃく》（忘れ去ること）とは、意識と前意識の間にある中間意識にさまたげられることであると説いています。これは、「表業は消えて種子《しゅうじ》が残る」という仏教の説と一致するところがあるようであります。その種子を保持する意識下の意識を、「アラヤ識《しき》（阿頼耶識）」と説くのであります。

アラヤとは「蔵」という意味で、蔵が家財を収納するように、いっさいの業の種子がこの識に温存されてゆくのであります。このアラヤは、無始以来今日まで続いてきているところの、われらの心の本体ともいうべきものであります。この識は善でもなければ悪でもない純無垢《むく》なもので、したがって善なる種子によって善となり、悪なる種子によって悪に染まり、人間のアラヤともなり、餓鬼《がき》のアラヤともなり、畜生《ちくしょう》のアラヤともなる。このアラヤに薫付《くんぷ》（香気がつくこと）された種子が現象界に表出《ひょうしゅつ》され、またその種子が薫付されて展転《てんでん》（めぐりめぐること）として成立し、われらの世界は続いていると説くのであります。一度アラヤに薫じつけられた業の種子は、おのずから同類を招く作用をともないます。

子どもが学校で親切な行ないをして先生にほめられたとすると、また親切をしたくなる。これがたび重なって親切な子どもの性格ができてゆく。反対に、お寺へおばあさんと一緒に参って、帰りに悪い下駄《げた》と良い下駄と間違えて、良い下駄をはいて帰ってほめられ、とうとう大泥棒になったという話もあります。一度万引きするとまたしたくなって、万引き常習犯になる。このように、善悪いずれも同類の業の種子を引くものでありますから、少年時代の教育にはよくよく留意しなければなりません。

このアラヤの作用の霊妙《れいみょう》さを眺めて、これが「己《おれ》だ」「己は不変だ」と認識している識が作用しているのであります。己でも不変でもないものを誤謬《ごびゅう》した認識をしている心、これを「マナ識《しき》」という。これが流転《るてん》の根本の識であります。マナとは思量の意味であり、己でないものを己と計らっているのであります。この識から一切の苦悩がおこるのであります。

　蓮如上人は「仏法には無我と仰せられ候《そうろ》う。……ゆめゆめわれということはあるまじく候う」（『蓮如上人御一代記聞書』）といわれています。「我」というものを認識してゆくため、彼《ひ》と我《が》との分別《ふんべつ》を生《しょう》じ、貪《むさぼ》る心、憤《いきどお》る心、妬《ねた》む心をおこすのであります。この我と彼との区別をほろぼし、「今この三界《さんがい》（流転する迷いの欲界・色界・無色界の三種世界）はわが有《う》なりその中の衆生《しゅじょう》はみな如来の子なり」と、「一切即我《いっさいそくが》」「我即衆生《がそくしゅじょう》」となられたのが仏さまであります。

　親は子をわれの延長と思えばこそ情はこまやかであり、夫は妻をわれの延長と思えばこそいたわる心を生じます。差別心によって苦悩を生じ、これがなかったならば苦より解放されるのであります。これができないのが凡夫《ぼんぶ》であります。

✣死を問題にしてこそ

　天親菩薩はマナ識の展開してゆくさまを、「我痴《がち》、我見《がけん》、我慢《がまん》、我愛《があい》」と示されました。「我痴」とは愚痴《ぐち》であります。我がなければ愚痴もない。われありと思う心から愚痴はおこるのであります。

「我見」とは邪見《じやけん》であります。われありと思うゆえ、我見をおこし、わが見解を押しとおそうとするのであります。

「我慢」とは慢心《まんしん》であります。人間に自慢のないものはありません。そろばんは下手《へた》でも読み書き上手《じようず》とか、学識はないが財産があるとか、皆もっています。碁や将棋の自慢などはかわいらしいものであります。世の中には謙抑《けんよく》（へりくだって自己をおさえること）な方が多いが、卑下慢《ひげまん》ということになると、これも慢心《まんしん》の一つであります。

次に、「我愛」というのは、われなきところにわれありと思い、われとわが身、わが命、わが財、わが妻子、わが容姿、わが家と、わが愛の念をつのらせるのであります。かくして我執《がしゆう》の種子がこれまたアラヤ識に薫《くん》ぜられ（匂いをつけられ）てゆく、若い者より老人の我の強いのは、五十年六十年の我の種子を積んできたからであります。

「種子」には三種ありまして、名言《みようごん》種子、我執《がしゆう》種子、有支《ゆうし》種子の三称であります。

「名言種子」とは自分の経験が名称となって残されてゆくもの。私は満州（戦前、日本が一国家とした中国東北四省）を見てきましたので、満州といえば、自分の見た満州の光景が浮かびます。宮城《きゆうじよう》（皇居）といえば宮城が浮かんでくる。精神分析学者の申しますように、一度見聞《けんぶん》したことは忘れることはないので、ただ思い出せないだけなのであります。これは名言種子となって保持されているわけであります。

「我執種子」は先ほどお話ししました。「有支種子」と申しますのは業の種子で、有支とは迷いの原因という意味であります。

さて、われわれが死に直面したときはどんなふうになるものだろうか。死は好むところではありませんが、万人のかならず一度は当面すべき厳粛なる事実であります。人間の苦悩というものも、それ自体では宗教的な足場にはならないのであります。死という問題にまで展開して、初めて宗教的解決の足場となるのであります。古代の聖哲《せいてつ》（物事のことわりに通じている人）はこの問題をいかに考えられたでありましょう。もっとも古く、かつ新しい問題であります。

古代の高僧は臨終《りんじゅう》を三段に区分し、「明了心位《みようりようしんい》、自体愛位《じたいあいい》、不明了位《ふみようりようい》」と説かれました。

「明了心位」とは、耳はだんだん聞こえなくなり、目は見えなくなり、口は利《き》けなくともも、意識は明了《めいりよう》である状態であります。愛する妻子の呼ぶ声にかすかにうなずく程度であります。死は外的な感覚の世界から内的な意識に移行しつつある状態であります。

「自体愛位」とは、意識もだんだん不明になりゆくとき、そこにマナ識（根源的で深層的な自我心）が残り、平素からわが身に愛着した思いが自体愛位であります。愛する心のために生前も悩み、死の刹那《せつな》まで悩まなければならないのであります。

次に、「不明了位」になりますと人生の最後であります。いよいよ死ぬとき、愛する心が業の種子にともなって初めて芽を出します、これを「潤生の惑《じゅんしょうのわく》」と申しまして、麦や菜種が潤《うるお》いのある土によって芽をふくように、もっとも強い業の種が芽を出すのであります。悪業強ければ三悪道のアラヤ（あらゆる存在を生ずる力）となり、善業強ければ二善道のアラヤとなる。下《しも》は地獄より上《かみ》は仏の世界まで、善悪二道の岐路《きろ》は平素の業因《ごういん》によるのであります。これを引業《いんごう》と申します。それぞれの肉体を生ずる業因が作用して結果を生ぜ《しょう》しめるもので、これを満業《まんごう》と申しております。これは善悪美醜《びしゅう》さまざまであります。

この頃の人たちは、だんだん死後の世界など考えなくなったのでしょうか。人間が死んだら人間となると考えていた古《いにしえ》のインドの外道《げどう》（仏教以外の教え）の説を、釈迦牟尼仏は断固として論破されております。「人間は死ねば火の消えたようなものだ」そんなさびしい思想は人類に不幸をもたらすばかりです。砂漠のような味気ない人生を渡りたいならいざ知らず、光明ある生涯を求めるなら、未来に大きな希望のもてる浄土教こそ、現代人の真の救いではありませんか。

業は、三世《さんぜ》に分けなければ完全な解釈を得ないのであります。現在の因によって現在に果を得る者もあります。そうかと思えば、現在に悪業をなしつつ善果を得ている姿が目前にあります。今の民衆は、敗戦以来太く短くの虚無《きょむ》思想におちいり、正直者は馬鹿をみる習いとて、道義はますますすたれてゆきつつあります。

しかし、活眼《かつがん》を開いて三世の因果を観ずるとき、順現業《じゅんげんごう》（現在において果報を受けるような業）あり、順次業《じゅんしごう》（生まれ変わって次の生で果報となってあらわれる業。順生業《じゅんしょうごう》ともいう）あり、順後業《じゅんごごう》（第三生から後の生で果報となる業）あり。現在の因を来世で受ける者もあり、来々世で受けるものもありましょう。だから仏教は闘志をにぶらせて社会改造の邪魔になると一部の人たちから非難されますが、いかに改造するとも畢竟《ひっきょう》（つまるところ）現在の世に純正の公正が得られるでしょうか。それは比較的公正ということより一歩も出ないでしょう。公正と定めた後から後から壊れて、不公正の叫びがいつまでもやむときがないようであります。ショーペンハウエル（ドイツの哲学者、一七七六〜一八六〇）のいったように、「久遠《くおん》の公正」は三世をつらぬく業の流転《るてん》に求めるよりほかにはないようであります。

しかし、世間の無仏法者のいうような、単なるあきらめを説くのが仏教ではありません。インドに「宿作外道《しゅくさげどう》」なる一派がありました。すべてを過去の宿因《しゅくいん》に帰する点は仏教とよく似ているのでありますが、彼らは仏教のように転業の道理を説かないのであります。世の仏教信者と自称する人たちの中には、あたかも仏教を宿作外道のように聞きそこなっているものがあるのであります。これは是正しておかねばならない大きな間違いであります。我の考察より、初めて私たちは今、三世因果を知らされました。ルネッサンス以来世界の思想を風靡《ふうび》したかにみえる＊人性《じんせい》主義が、人類に真の幸福をもたらすと思われたが反対に不幸を与え、批判の基準としての理知を盲信《もうしん》して独断してきました。理知というものそれ自体を再批判することを忘れてきた結果、人類がどんなに不幸になってきたことでしょう。最大の不幸は、生命の永続に対する疑惑であります。

我《が》は罪業の塊《かたまり》であります。どうしても抜けきることのできないものは我執《がしゅう》であり、我執を去らない限りはいかなる善行《ぜんこう》も偽善《ぎぜん》であります。そうして偽善であることすら知らずに平然としているお互いは、如来の光明によるよりほかに救われる道はないのであります。

『歎異抄《たんにしょう》』の中に、

「……故聖人のおおせには、卯毛《うのけ》羊 毛《ひつじのけ》のさきにいるちりばかりも、つくるつみの宿業《しゅくごう》にあらずということなしと、しるべしとそうらいき。……（中略）……『なにごとも、こころにまかせたることならば、往生のために、千人ころせといわんに、すなわちころすべし。しかれども、一人《いちにん》にても、ころすべき業縁《ごうえん》なきによりて、害せざるなり。

わがこころのよくて、ころさぬにはあらず。また、害せじとおもうとも、百人千人を、ころすこともあるべし』と、おおせのそうらいしは、われらがこころのよきをばよしとおもい、あしきことをば、あしとおもいて、本願の不思議にて、たすけたもうということをしらざることを、おおせのそうらいしなり。……」（真々園発行『歎異抄』三三頁）

かかる私どもの業縁を断ち切る道は、本願の不思議よりほかないのであります。『正信偈《しょうしんげ》』には、「本願の名号《みょうごう》は正定《しょうじょうごう》業なり」。悪道の業因を転じてさとりの業を感ずることのできるのはただ名号よりほかはない、との仰せであります。

しかしながら仏教は自業自得《じごうじとく》（みずからの行為の果報はみずから受けるということ。主体的な行為、責任を強調したもの）で、他業自得は許されないのであります。如来の成就《じょうじゅ》したもう本願の名号、私たちのための救いの道として顕示《けんじ》された名号が、私の往生の因種《いんしゅ》となるということは、『倶舎論』『唯識論』による説明をもって、はなはだ尽しがたいものがあるように思われます。これが「倶舎・唯識の小乗（大乗側が自利をおとしめて劣った乗り物といった言葉）」とか「権大乗《ごんだいじょう》（仮に説いた大乗の教え）」とかいわれるゆえんでありましょう。「誓願一《せいがんいち》仏乗《ぶつじょう》（仏の誓願によって一つの乗り物のように衆生をさとりに導いていく教え）」といわれる浄土真実の宗教は、やはり大乗教的説明によらなければならないのであります。

✢宇宙にやどるもの

大乗について「何でも十把《ぱ》一からげ（混ぜ合わせてしまうこと）にすることが大乗的」とか新聞や雑誌に書かれていますが、そんなことではありません。「乗」は乗り物という意味でありまして、その場合は動詞でなく名詞に用います。

大乗はまた一乗とも呼ばれます。一乗とはいっさいを一つと見るから一乗です。いっさいがオンリーワンだということは最高の思想です。「迷いとさとりと一つだ。仏と凡夫と一つだ。極楽と娑婆は一つだ」と見る見方であります。煩悩即菩提《ぼんのうそくぼだい》、生死即涅槃《しょうじそくねはん》と説くのであります。

真言宗では「*父母《ふぼ》所生《しょしょう》　身即大覚位《しんそくだいかくい》」といって、生身《なまみ》のまま仏になると説き、禅宗では「*直指《じきし》人心《にんしん》・見性　成　仏《けんしょうじょうぶつ》、釈迦何人《なんぴと》ぞ、我《われ》何人ぞ」などといっております。

真宗ではいわないかと申しますと、「証知生死即涅槃《しょうちしょうじそくねはん》」とか「不断煩悩得涅槃」とか『正信偈』に説いてあります。「煩悩・菩提体無二《たいむに》と　すみやかにとくさとらしむ」と「和讃」（高僧和讃）に詠《よ》んであるでしょう。

みな大乗仏教ではその原理をもっているのであります。なぜそんなことがいえるのかと申しますと、石炭とダイヤモンドは形は違っても同質です。なぜかといえば、石炭も炭素からなり、ダイヤモンドも炭素からなっています。しかし、結合の相違で一方は無価な（この上もなく貴重な）至宝となり、一方は市井《しせい》（人家の集まっている所）の燃料となります。仏と凡夫との差異は石炭とダイヤ以上でありますけれども、元来《がんらい》同質なものと教えられてきました。

釈迦牟尼仏となった成道《じょうどう》のあと最初*の説法（初転法輪《しょてんぽうりん》という）は、普通『華厳経《けごんぎょう》』であるとされるのであります。その経典《きょうてん》の中に、「奇《き》なるかな、奇《き》なるかな、このもろもろの衆生《しゅじょう》は、いかんが如来の智慧《ちえ》を具有《ぐゆう》するに、愚痴《ぐち》にて迷惑《めいわく》し、知らず、見ざるや、と」というお言葉があります。釈尊成正覚《じょうしょうがく》（無上のさとりを成就すること）の最初の驚きは、いっさいの生きとし生けるもののことごとくが如来と同じ生命を宿しつつ、しかも迷うているということが奇跡と映じたのであります。

また、釈尊入涅槃の直前の説法は『涅槃経《ねはんぎょう》』であります。これは、天台などでは重要なお経であり、また、親鸞聖人も救済の原理を説明されたお経として、『教行信証』にはいたるところに引用されてあります。

この経典には二つの重要な中心生命が説かれております。それは「一切衆生悉有仏性《いっさいしゅじょうしっうぶっしょう》」ということと「如来常住《にょらいじょうじゅう》」ということであります。

如来というものは八十年で死んでしまうようなものではない。死生《ししょう》とか生滅とかいう原則に支配されないのが如来である。いっさいの生きとし生けるものことごとくこの如来の性《しょう》をもっている。如来とは法界《ほっかい》（全宇宙）に普遍し宿っている生命である。これは初転法輪の『華厳経』から最後の説法の『涅槃経』まで、釈尊説法の生涯をつらぬく教えと申さなければなりません。

いったい宇宙の本体とはどんなものかと申しますと、釈尊はそれはタターター（tathatā あるがまま）というものだと説かれました。「真如《しんにょ》」と古来から翻訳されています。「真如」とは真実如常《にょじょう》（存在のありのままのすがた）といって、因果の原則をこえ不変、普遍にして静的なものであります。静的なままで動的であり、現象とは別に本体なるものがあるわけではない。現象即本体、本体即現象であります。古来これを「波のまま水であり、水のまま波である」と水波の関係にたとえて説かれております。その状態のままのときは水の静の相であるが、それが自由に動の波の作用を水のそのままで行なうことができるのであります。たいへんむずかしいですね。

ですから仏教は哲学にして哲学にあらず、科学にして科学にあらず、宗教にして宗教にあらざるものであります。これを反面から申しますと、また哲学とも科学とも宗教ともいいうるものであります。

さて、この真如は聖者のさとるところであって、言葉で表現することができません。黙っていればよいかというとそれではわかりません。ですから、ある程度言語にかけていわなければなりません。言語にいえないというのが「離言《りごん》真如」、説明してみたところを「依言《えごん》真如」。この真如に一念の迷妄《めいもう》が、縁となって変化をおこしてくるのです。

✢迷いのなりたち

釈尊は現象として変化をおこしてくるすがたを、「十二縁起」としてしばしば説かれています。*旧訳《くやく》では「十二因縁」といっており、新訳では「縁起」といいます。十二というのはその階梯《かいてい》（物事の順序）であり、縁起とは物事のおこってくるわけであります。いわゆる、無明《むみよう》、行《ぎよう》、識《しき》、名色《みようしき》、六処《ろくしよ》、触《そく》、受《じゆ》、愛《あい》、取《しゆ》、有《う》、生《しよう》、老死《ろうし》の十二とおりであります。簡単に説明しましょう。

「無明」とは迷いの根元で、煩悩の根源。明るいの反対でありまして、すべての事がらに暗いから迷うのであります。

「行」とは行ない。無明の縁によって迷いの行ないがおこってくる。その結果として次の識が生じてくる。

「識」。これはココロという字でありまして、われわれの母胎に宿る刹那《せつな》で、迷っているうちに心が生ずるのであります。

「名色」。名《みよう》とは心で、色《しき》（物質的なもの）は色ですが、単に色だけでなく形状、すなわち精神と物質との結合による胎生学的には妊娠初期の発育過程であります。

「六処」。六入《ろくにゆう》ともいうもので、眼《げん》・耳《に》・鼻《び》・舌《ぜつ》・身《しん》・意《い》。精神と肉体の完成してきたところ。

これまでが胎内《たいない》、次から出胎の後であります。

「触」。幼時の頃は物に触れてみたがる。触覚の旺盛な乳児期。

「受」。五、六歳の頃となると感受性が強くなる。

「愛」。青年期、性欲、名誉欲、物質欲などいろいろな欲。青年期は睡眠欲まで盛んになる。

「取」。愛執《あいしゆう》の結果、所有観念が旺盛になる。

「有」。これは業です。業のことは前にくわしく言いました。未来の果を有するゆえに有といいます。愛念おこりて執着《しゅうじゃく》いよいよ強く、所有欲、征服欲が行動となって、当来に生老死の果を引くのであります。生と老死は説明は不要でしょう。

以上のように観ずるのを「流転門《るてんもん》」といって迷ってきたすがたの説明であります。これを逆に観じて、老死は生《しょう》よりおこり、生は有《う》よりおこり、有は取《しゅ》よりおこり、ついには行は無明よりおこる、と観じてゆくのが「還滅門《げんめつもん》」といって、迷いの原因をつきとめ証道《しょうどう》の資料とするのであります。

これを「*三世《さんぜ》両重の因果」（補注図示参照）といいまして、三乗の中の縁覚のさとりを得るための観法《かんぽう》となっているのであります。このほか迷界因果の説明はいろいろありますが、もっとも代表的な十二縁起（三世両重の因果としての解釈）を申しました。

こんなふうに動的になりましても、元来の真如なるものとは似ても似つかぬ迷いのすがたとなったのが我であります。それで迷妄《めいもう》を去れば迷う何ものもないのでありますから、「一切衆生悉有仏性《いっさいしゅじょうしつうぶっしょう》」であります。仏性があるからよい、というわけにはいきません。それでは迷いつつあるわれわれがやりきれません。それで如来が成正覚《じょうしょうがく》となって現われた。

✣見えるもの、見えないもの

今度は如来の説明をいたします。如来とはどんなことか、如来とは如より来生《らいしょう》するということ、如とは真如であります。真如から来たもの。原語では往の意もあるので、じつは行ったり来たり真如の中を往来しているものであります。

このほうはわれわれと違って、迷妄が縁ではありません。如来の智明《ちみょう》（智慧の明かり）が縁となって、非因非果の真如が動の相《そう》を出しました。因果の相をとって動いて、誓願を立て修行して成仏し、得道し、形あり、姿あり、国土ある仏となりました。これは迷妄の縁ではないから形状あるまま形状のない形、姿あるまま姿のない形。動のまま静、静のまま動であります。

曇鸞大師《どんらんだいし》（四七六～五四二頃。中国山西省生まれ）という人は、親鸞聖人がひじょうに崇敬《すうけい》された方でありまして、天親菩薩の『浄土論』を詳細に註解《ちゅうかい》されました。その中に「浄《じょう》入願心章《にゅうがんしんしょう》」という一章を設けて、こういうことをいっておられます。

「……諸仏・諸菩薩に二種の法身《ほっしん》まします。一には法性《ほっしょう》法身、二には方便法身なり。法性法身によりて方便法身を生《しょう》ず。方便法身によりて法性法身を出《いだ》す。この二の法身は異にして分《わか》つべからず。一にして同ずべからず。このゆえに広略相入《こうりゃくそうにゅう》して、統《す》ぶるに法の名をもってです。菩薩もし広略相入を知らざれば、すなわち自利利他することあたわざればなり。」（聖典七祖篇一三九頁）

法性法身は静的で無色無形。方便法身は動的で有色有形。この二法身は、一にして二、二にして一。静のままで動、動のままで静。生ずとか出《いだ》すとかいわれているけれども、時間的な生起《しょうき》ではありません。超時間的哲学的ないい方で、仏教では「相即相入《そうそくそうにゅう》」という。形なきままに形を顕現《けんげん》して、そのままで形なき静の姿を失わぬものです。たいへんむずかしいですね。

お仏壇の絵像のご本尊に、「方便法身尊形《ほうべんほっしんそんぎょう》」と名がついています。方便法身のままで法性法身です。法身ということは法を体《たい》にしている。財団法人とか営利法人とか宗教法人とかいうのは、人や財の体を法人格とし法そのものが人格だというわけです。そのように法、すなわち真理の法則そのまま体だという意味です。

以上のような関係を知らなければ自利利他することはできない、と曇鸞大師がいわれた。この「相即相入」の原理を知らないものは、自身も不明にして終始し、人をも開導（手引き）してやることができない。この関係があるから阿弥陀は正覚《しょうがく》を成《じょう》じて無終であり、光明無量・寿命無量の仏となられた。「南無阿弥陀仏」という言語を翻訳すると、「光明無量・寿命無量の仏」という意味になるのであります。

全体、われわれは身体と名称とは別ものであります。しかし、阿弥陀仏は体のほかに名はなく、名そのままが体《たい》であります。もっと不思議なことは、われわれの肉体と、家や屋敷とは別ものであるのに、如来は体がそのままで国土なのであり、同時に名号なのでありますます。われわれの頭では考えおよばない不思議なことですが、それ（身体と名称は相即相入）ができないようなら、五劫《ごこう》の思案はいらないのです。阿弥陀如来が因位《いんに》のとき、四十三億二千万年（一劫）の五倍も思案くだされてできあがった浄土ですから、それぐらいのことができないようでは甲斐《かい》がありません。

大谷光瑞《こうずい》上人（一八七六〜一九四八。本願寺二十二世）は、浄土についてじつに適切な説明をしておられます。石炭とダイヤモンドは同質のもの、どちらも炭素です。ただ結合の具合が違うだけ。科学者はこのことわりを知っておりますから、格好の違っているままで同じものと見ております。しかし、科学を知らぬものは別ものだと思いこんでいる。

仏の境界《きょうがい》からは、仏と凡夫は一つに見える。迷いと悟りは同一、凡夫と仏とは一つに見えている。娑婆も極楽も変わりはないもの、彼岸も此岸《しがん》も区別はありません。しかし、此岸からは彼岸は変わったもの。凡夫のわれわれからいえば、仏とはたいへんな違いです。

迷悟は天淵《てんえん》（天と深い池）の差があります。仏教の原理を学んで、そうかとうなずいてみても、やはり実際的には違ったものという迷いを離れることは絶対にできません。

『大無量寿経』に、「一餐《いちざん》の力をもって、よく寿命を住《とど》めたもうこと、億百千劫《ごう》無数無量にして……」（聖典九頁）と書かれています。*握り飯一つで、億百千劫無数無量の寿命をたもつ仏の境界とは比べものになるものがない。われわれもこんな便利なさとりを開いておれば、「物が足りない」などといわなくてもすむはずです。

ところがどうもそうはいかない。やっぱり原理は原理、実際は実際。原理のとおりいくのがさとりの世界、いかないのが迷いの世界です。それで、炭をダイヤモンドに形を変えねばならない。同質だからいいじゃないかといってほうっておかれたのでは、こちらはかなわない。

浄土の扉を開く

昔、源信僧都《そうず》（九四二～一〇一七）が七、八歳の子どものとき、ある坊さんが小川で鉄鉢《てっぱつ》（托鉢用の鉄製の鉢）を洗っていたので、「お坊さん、そんなきたない川で洗わなくても、あちらの川にきれいな水が流れていますよ」といった。するとその坊さん、「さとったものの眼中には浄穢不二《じょうえふに》だ、きたないもきれいも同一だよ」と、たいへんさとったようなことをいった。そこで、「きたないきれいの差別がないのなら、なぜ洗うんだ」とやり返した。この坊さんギャフンと参ってしまった。

また、この子の知恵を試してやろうと思って、「坊や、一ツ二ツ三ツと数えるとみんなツがついているのに、なぜ十にはツがつかないのか知ってるかい」と問うた。すると言下《げんか》に、「それぁ、五ツにツが二つついてるからだよ」と答えた。その返答が子どもながらに禅機（直感的な鋭い言行）に満ちているのに驚いて、連れて帰って坊さんにした。これが後に名僧源信僧都といわれた子どもの頃の逸話《いつわ》であります。

後に、天台の一派に恵心院派なる学派ができたほどの大徳であり、中国にまでその名をとどろかし、中国の天子（天帝の子。ここでは宋の皇帝のこと）に「日本の小釈迦、源信如来」と朝夕礼拝されたほどの高僧でした。

その著、『往生要集《おうじようようしゆう》』の序には、

「それ往生極楽の教行《きようぎよう》は、濁世末代《じよくせまつだい》の目足《もくそく》なり。道俗貴賤《どうぞくきせん》、たれか帰《き》せざるものあらん。ただし顕密《けんみつ》（顕教と密教）の教法《きようぼう》、その文《もん》、一にあらず。事理《じり》（具体的相を観ずることと真理を観ずること）の業因《ごういん》、その行《ぎよう》、これ多し。利智精進《りちしようじん》の人は、いまだ難《かた》しと

なさず。予《よ》がごとき頑魯《がんろ》（かたくなで愚か）のもの、あにあえてせんや。このゆえに、
念仏の一の門《もん》によりて、いささか経論《きょうろん》の要文《ようもん》を集《あつ》む」（聖典七祖篇七九七頁）
といわれた。「利智精進《りちしょうじん》の人は、いまだ難《かた》しとなさず」だ。お釈迦さまのような偉い人なら原理を原理とさとっていけるだろう。「予がごとき頑魯《がんろ》のもの、あにあえてせんや、このゆえに、念仏の一門による」。じつにそのとおりです。われわれの生半可な染汚《ぜんお》一理《いちり》、迷悟一如は、結局、さきのお笑い話にすぎない。野狐禅《やこぜん》（なまかじりでさとったかのようにうぬぼれていること）ではないでしょうか。

源信僧都の眼から見れば、原理と実践の矛盾に気づかずにいる人びとは、観念的な遊戯の中に自己陶酔している夢遊病者のように思われたのでしょう。源信という人が、いかに観念的なものに飽き足りない実践家であったかを物語るおもしろい話であります。そして、日本浄土教の先達《せんだつ》として念仏の一門に帰し、「厭離穢土《えんりえど》、欣求浄土《ごんぐじょうど》」（安きことなき三界を厭い離れ、功徳無量の極楽を欣い求めること）の扉を開かれたのであります。

話をもとへ戻しまして、どうしても格好の違っている炭をダイヤモンドにしなければならない。それには容器がいる。電気も通さなければならない、圧力も加えなければならないでしょう。その容器が極楽浄土なのであります。凡夫と仏とは同質ながら、形状の違っ

たものを仏の姿にする、それに入要なのが浄土という容器であります。光明の電力や圧力の方便力も加えなければなりません。

✢浄土とお念仏

その極楽浄土の形質はどんなものか。質のほうの説明が静動のことわりです。『涅槃経』の中に、「衆生のためのゆえに第一義諦《ぎたい》を説いて世諦《せたい》となす。世諦を説いて第一義諦とする」といってある。第一義諦は因果を超えたもの、世諦は因果によるもの。その超因果のままで因果になっているのは衆生のためであるという意です。今度は形状のほうです。『大無量寿経』に形状についてくわしく説かれてあるのをまとめてくださったのが、『浄土論』の「*三種荘厳《さんしゅしょうごん》二《に》十九種《じゅうくしゅ》」であります。

それは十七種の荘厳仏土成就、八種の荘厳仏功徳成就。四種の荘厳菩薩功徳成就であります。たとえれば、仏土は国土、仏は国王、菩薩は人民《じんみん》。その中でも国土がもっとも良くなければならない。その国に入りさえすれば、自然とさとることができるものでなければならない。日本で英語の勉強を十年しても一人前にならないが、ロンドンへ行けば子どもでもすぐ上達する。これが土徳《どとく》というもの。娑婆で修行しても一向うまくいかないが、浄土に生まれると自然に成就するような具合になっている。それがたいせつですから、十七とおりに詳細になっている。それが名君《めいくん》によって統御《とうぎょ》されなければならず、人民がよくなくてはならない。調子が悪くなるとすぐ泥棒するような人民ではいけない。国王とほぼ同等の実力がなければならない。それが別々ではいけない。水が空《そら》になり、また宮殿になる。人が草木にもなる、池にもなることができる。「お前、池になれ」といわれてもわれわれはなれないが、浄土の菩薩はなることができる。この二十九種がどんなふうにでも変化するのでなければおもしろくない。これを「自在神力《じざいじんりき》」という。われわれの頭ではちょっと考えられないことですが、それだから、浄土の建設のために二百十六億万年（五劫）考えられたのです。

昔からの大徳方がみんな『大無量寿経』を読みそこなった。それはこの自在性が表面的には見えなかったからだ。しかし、一端はこの経に説かれている。たとえば水の功徳を説いて、

「かのもろもろの菩薩および声聞《しょうもん》、もし宝池《ほうち》に入《い》りて、意《こころ》に水をして足を没《ひた》さしめんと欲すれば、水すなわち足を没《ひた》す。膝に至らしめんと欲すれば、水すなわち膝に至る。腰に至らしめんと欲すれば、水すなわち腰に至る。頸《くび》に至らしめんと欲すれば、水す

なわち頸に至る。身に灌《そそ》がしめんと欲すれば、自然《じねん》に身に灌《そそ》ぐ。還復《げんぷく》せしめんと欲すれば、水すなわち還復す。調和冷煖《じょうわりょうなん》（冷たさと温かさがよく調和していること）にして自《じ》然《ねん》に意《こころ》に随いて、神《じん》（こころ）を開き体《たい》を悦《よろこ》ばしむ。」（聖典七祖篇一一五頁）

これを広げてゆくと水ばかりではなく、いっさいが自在である。人間の世界は差別性のゆえに不自在である。この差別性を除けば自在かといえば、普遍性もまた不自在である。差別《しゃべつ》（それぞれのものが異なる独自のものをもって存在しているすがた）のままで普遍、普遍性のまま差別性をもっていなければ自在にならない。天親という人はひじょうに偉い人で、この方がこのような浄土の見方をしてくれなかったら、結局浄土はわれわれの世界に毛の生えたぐらいのものにしか味わえなかったわけです。

もう一つ大事なことは、この十七種が互いに融通するのは元来一つのものだ。水と油とは融化《ゆうげ》しない。青い水と赤い水なら融ける。形状の相違だけで、質の同じものは融け合うもの。この荘厳《しょうごん》の一つ一つが仏の名号であり、名号が開かれて三種となり、二十九種となっている。「二十九種になっている相《すがた》が差別性《しゃべつせい》」、「名号になっているのが普遍性」です。水と空気は形は違うが、水に熱を加えると空気になる、だから同じもの。二十九種の荘厳がそのまま南無阿弥陀仏、名号そのまま二十九種、二十九種が名号におさまっている。二十九種の荘厳を「広相《こうそう》」といい、名号を「略相《りゃくそう》」という。これを従来「広略相入《こうりゃくそうにゅう》」というのであります。極楽浄土にこの原理がなかったら、われわれに感知されない無関係のものであります。二十九種の広相のままでは、われわれは受け取ることも、味わうこともできません。名号として与えられるものゆえ、名号を信知するところにみずから浄土のすがたが味わわれるのであります。

かつて大谷光瑞上人のご講話を拝聴したとき、私にとって忘れることのできない味わいの深い言葉を聞きました。「浄土において広略相入するばかりではない。娑婆と浄土と広略相入しないはずはない」。このお言葉を聞いてひじょうな共感を覚えました。学問の上で広略相入の研究はいく度も聞かされました。観念的にただ広略相入ということを考えていたにすぎなかった。それが念仏する身になって初めて、わかりかけたように思う。

浄土と娑婆と広略相入する、じつにそうだと思いました。浄土だけの広略相入なら私に何の交渉もないはずです。領解《りょうげ》（領《りょう》受解了《じゅげりょう》のこと。教えどおりに信ぜられたすがた）――観念的な領解でなしに――もできず、認識することもできないわけです。没交渉の世界であります。頭で研究しても結局凡夫の頭です。主観的なもの、壊れるもの、此岸的なもの、迷いのもの以外の何ものでもありません。われわれを離れた遠い彼岸のものは、結局われわれの感得しうるものではないから、これまた意味のないものであります。彼岸に根ざし此岸に来たるもの、客観にして主観ともなりうるものでなければならない。その橋渡しが名号である限りにおいて、浄土と穢土《えど》、彼岸と此岸《しがん》は融即《ゆうそく》（異なるままに融《と》けあい、一つになること）するものでありましょう。

私はさきに、浄土を信じて浄土教的信仰に入ろうとする人びとに対して、その方向転換をすすめました。帰命の心に初めて浄土は味わわれると申しました。帰命の心は自我の認識よりおこります。自我に眼を覆って鋭い自己批判を忘れている者に、どうして帰命の心がおこりましょう。安価な自己陶酔者は畢竟《ひっきょう》一闡提《いっせんだい》（仏となるべき性なきもの）であり、縁なき衆生であります。

真の救い

私はときどき、「浄土は未来にあるのですか、この世にあるのですか」という質問を受けます。それは無理もない質問であります。従来の教義の上では、未来にあると教えられてきました。しかし、近来の信仰家の著述や講話に、「浄土はこの世にある」とよくいわれている。これについても考えてみたいと思います。

浄土の教門は「指方立相《しほうりっそう》」といって、西方《さいほう》という方角を指示し、二十九種という荘厳《しょうごん》相《そう》を立てて教えられておりますす限りにおいて、来世的なものであるというのは至当であります。近代的な学問に触れなかった以前の人びと、自我の目覚めのなかった中世期的な人びとの頭には、この独断は納得できたのであります。独断という言葉は誤解を生じやすいけれども、宗教には独断とか仮定とかがあるのはきわめて便利な生き方であります。しかし、近代的なものの考え方を教えられてきた人びとは、無批判に受け入れることができなくなってきたのであります。昔気質《かたぎ》の信者たちが、浄土という標的を容易に納得して、往生しうるか、往生しえないかと苦しんだのであります。これが従来の信仰という技を練る相撲場でありました。

参れると思うても不安であり、参られないと思うとなおさら不安でしかたがない。そして凡夫の思慮《しりょ》をこえて自我の不安を脱却し、宗教的自覚に達したのが妙好人《みょうこうにん》でありました。しかし、近代的なものの考え方をする人びとは、仮定そのものを受け入れることができないで、未来の有無、浄土があるかないかで、やはり苦しんでいるのであります。相撲場が一歩手前に移動してきたのであります。

存在を肯定しても否定しても、不安であることに変わりはない。浄土があるというのも自分の考えであり、浄土がないというのも自己の計らい（自分の考えで推しはかること）であるから、この思惟《しゆい》の一線を守る限りにおいては、不安は脱することはできない。そして、その不安そのものが化膿《かのう》する点に達したとき、善知識という名医の一刀によって、きれいに解決され、思惟をこえるのであります。

ここに宗教的自覚がある。帰命のこころがおこるとき、如来の実在は動かすことのできない信念となって、私のための心のふるさととしての浄土が願われるのであります。心のふるさととしての浄土でなければ、仮定としての浄土も、単に存在観念としての浄土も、何の意味もないものである。それは彼岸の世界であり、また此岸において味わわれる世界でなければなりません。浄穢《じょうえ》の世界の一如《いちにょ》としての存在は理論的にはうなずけますが、「この世」が浄土だといい切ったのでは、私には落ちつけない気持ちがする。やはり「あの世」といってもらったほうがしっくりするのであります。

宗教的信仰は、否定的立場をとるのであります。すべていっさいの進化は否定的立場にある。これでよいという満足感には、進歩はともなわない。現に、「日本は世界一の神国だ」と叫ばれた過去の時代が、文化的にもっとも暗黒な時代ではなかったでしょうか。インフレ経済の不安、政治の腐敗、道義の頽廃《たいはい》、文化の低調、これではいけない何とかせねばならない、と気張っている現在の否定的な立場において、日本の進歩が予見されるのであります。これは相対的否定ですが……。

「驕慢《きょうまん》の頂《いただ》きには智水宿《ちすいやど》らず」と経典に書いてある。驕慢のもの、自己肯定の立場に立つ限り、宗教的自覚には絶対に達せられないもの。仏教にいう「罪悪深重《ざいあくじんじゅう》 煩悩熾盛《ぼんのうしじょう》」「地獄必定《ひつじょう》」という絶対的自己否定の立場に立つとき、真の救済がある。帰命の心がおこり、この心から無限の向上が約束されるのであります。救われないという自覚が、救われる自覚となるのであります。

このような否定的立場をとるものが信仰である限り、此岸には自己完成はありえません。どんなに孝行な人でも、この世から息引き取るまで、「おれは十分孝行であった」とはいえない。否《いな》、孝行な人ほど、「不孝であったすまなかった」と否定の立場をとるはずであります。だから完成は、「あの世（彼岸）においてこそ」というのが真実である、来世に仏果を円満するという浄土の信仰こそ真実の道である、と信ずるのであります。そして、それがそのままで此岸の世界に味わわれ、生活の調和として生きている姿でなければなりません。

第一コースとして、思弁的な進み方による浄土の認識を語りつづけてきました。思弁

（純粋な思考だけで真理の認識に至ろうとすること）によって思弁をこえなければならない。思惟（自己の考えをめぐらすこと）にとどまる限りは、迷妄の域から脱するものではない。思惟をこえて初めて、ほのぼのと浄土がしのばれるのであり、それは帰依する心であり、念仏する姿であります。名号とは別な浄土は、虚仮《こけ》（いつわり）の世界から一歩も出たものではありません。虚仮を離れるすがたが、もっぱら念仏するすがたであります。

富山県の明教《みようきよう》院《いん》僧鎔《そうよう》和上（一七二三～一七八三。空華学派の祖）といえば、真宗教学の上に大きな足跡を残した巨匠であります。この人が『帖外《じようがい》和讃』の講義をされた中に、

　超世《ちようせ》の悲願《ひがん》ききしより
　　われらは生死《しようじ》の凡夫かわ
　有漏《うろ》の穢身《えしん》は変わらねど
　　心は浄土に遊ぶなり

という和讃を解釈して、「『心は浄土に遊ぶ』というは念仏相続することである」といわれた。これはすばらしい。これはすばらしい解釈であります。普通には、心は浄土に遊ぶというのは浄土を観察して楽しむことである、と領解《りようげ》されている。それはそうも解されるのでありますけれども、末梢的解釈であることはまぬがれません。「念仏するのは浄土に遊

ぶすがたである」という領解のしかたに、もっと根本的な深みを感ずるものであります。

ささやかな私の宗教経験をもととして、いささか浄土を味わってまいりました法味《ほうみ》の一端を、中世期の真宗教学の巨匠によって裏づけられた感じがして、何となく心強い気持ちがしたのであります。

これで第一コースを終わって、次は第二コースの「苦悩に徹し、苦悩をこえる道に、浄土の認識せらるる相《そう》」をお話ししてみたいと思っています。

Ⅱ　救いの応用――『観無量寿経』のこころ

✣王舎城の悲劇

　さてここまで、浄土を認識する二つのコースのうち第一のコースをたどってまいりました。浄土に関する天親《てんじん》菩薩の説明のアウトラインだけはおわかりになったことと思います。

　しかし、浄土そのものがある程度わかったというだけでは意味をなしません。隣の家にどんな立派な普請《ふしん》（建築・土木工事のこと）をしたといっても、自分に関係のない家や蔵なら有るも無いも同じこと。百千里離れた山奥でも、自分のために新しく家を建てて待っていてくださると聞けば、たとえ小さな茅屋《ぼうおく》（かやのあばら家）であろうとも一大関心事であり、ここにおいて有ると無いとは天地の違いなのであります。

　浄土は実在するといっても、私のために建立してくださった救いの親里（親の待っている故郷）として、そこに如来の願心《がんしん》というものが感ぜられてこそ、初めて浄土が認識されるわけであります。こういう意味の認識、いわゆる「再認識」でなければ意味をなさないのであります。思弁的なコースをたどって最後にその思弁をこえなければなりません。

さて、第二のコースは「苦悩に徹する」こと、そのことから浄土の認識がなされてゆく道、そんな道が一つあるように考えられます。そして思惟《しゆい》の道をたどって苦悩をこえたように、苦悩の道をたどって苦悩をこえなければならない。考え考えて考え抜くと同じように、苦しんで苦しみ抜かなければ浄土はわからない。この「抜く」というところが大切なので、考えているだけではだめであり、苦しんで苦しんでその苦しみの中に終わったのでは意味をなさない。苦しみ抜かねばならない。じつは抜くのでなくて、「抜ける」のであります。必然的に抜けるのであり、他力なのであります。

第一行程が思弁的、『浄土論』的であります。その『浄土論』は、『大無量寿経』の圧縮され要約されたものでありますから、『大無量寿経』的といえるのであります。そうしますと、第二の行き方は実践的生活的な行き方でありまして、まさしく『観無量寿経』にそのサンプルが示されております。

しかし、いちおうこういった進み方があるというまでの話で、この二つのコースは平行している二線ではなく、どこかでクロスしている二線であり、そうした入り方があるというだけの話であります。じつにこの『観無量寿経』は、『大無量寿経』とともに浄土を知るためのたいせつな経典であり、浄土の荘厳相《しょうごんそう》（お飾り）を詳細に説いてあるとともに、浄土教なるものがどのような理由によって興起したか、という因縁を説いてあります。

✢提婆のたくらみ

別して、本題に関して重要なのはその序文であります。まず経文《きょうもん》を読んでゆきます。

【そのとき、王舎大城《おうしゃだいじょう》にひとりの太子あり、阿闍世《あじゃせ》と名づく。調達《じょうだつ》（提婆達多）悪友《あくう》の教《おしえ》に随順《ずいじゅん》して、父の王頻婆娑羅《びんばしゃら》を収執《しゅうしゅう》し、幽閉《ゆうへい》して七重《しちじゅう》の室内に置き、もろもろの群臣を制して、ひとりも往《ゆ》くことを得ざらしむ。国の大夫人《だいぶにん》あり、韋提希《いだいけ》と名づく。大王を恭敬《くぎょう》し、澡浴《そうよく》（身体を洗う）清浄《しょうじょう》にして、酥蜜《そみつ》（蜂蜜入り乳酢）をもって麨《しょう》（米粉または麦粉）に和《わ》してもってその身に塗り、もろもろの瓔珞《ようらく》（貴金属の装身具）のなかに蒲桃《ぶどう》の漿《しょう》（汁）を盛《い》れて、ひそかにもって王にたてまつる。そのときに大王、麨《しょう》を食《じき》し漿《しょう》を飲んで、水を求めて口を漱《すす》ぐ。口を漱ぎおわりて合掌恭敬《くぎょう》し、耆闍崛山《ぎしゃくっせん》に向かい、はるかに世尊《せそん》を礼《らい》してこの言《ごん》をなさく、「大目犍連《だいもくけんれん》はこれわが親友《しんぬ》なり。願わくは慈悲を興《おこ》して、われに八戒《はっかい》を授《さず》けたまえ」と。ときに目犍連《もくけんれん》、鷹《たか》・隼《はやぶさ》の飛ぶがごとくして、疾《と》く王の所に至る。日々《にちにち》にかくのごとくして、王に八戒を授く。世尊また、尊者富楼那《ふるな》を遣《つか》わして王のために法を説かしむ。かくのごときの時のあいだに三七日《さんしちにち》を経《へ》たり。王、麨蜜《しょうみつ》を食《じき》し法を聞くことを得《う》るがゆえに顔色和悦《げんしきわえつ》なり。】（聖典八七〜八八頁）

というところから始まっております。祖聖、親鸞聖人は、この『観無量寿経』の序文を、ひじょうにたいせつなものとして仰いでおられたのであります。『大無量寿経』は原理であるとしますと、『観無量寿経』は応用であります。

この『観無量寿経』は「法華同時の経」と昔からいわれているのでありまして、たぶんお釈迦さまは耆闍崛山《ぎしゃくっせん》（グリドラクターの音写。王舎城の東北の地にあって霊鷲山《りょうじゅせん》とも霊山《りょうぜん》ともいう）の山中《さんちゅう》で『法華経《ほけきょう》』を説いておられたのでしょう。そのとき、山の近くの王城に一大悲劇がおこったのであります。この王舎城（釈尊在世の頃、中インド・マガダ国の首都）に頻婆《びんば》娑羅《しゃら》王《おう》（ビンビサーラの音写。マガダ国王）という王さまがいた。この王は、お釈迦さまとはひじょうに因縁の深い方であった。

お釈迦さまが悉多《しつだ》太子（シッダールタの音写。悉達多《しつだった》太子のこと）といわれていた時分、迦《か》毘羅城《びらじょう》（カピラの音写。釈迦族の居城で釈尊の生誕の地）を抜け出して出家して王舎城のほとりを通られたとき、頻婆娑羅王が面会を求めて「どうぞ出家を思いとどまって転輪聖王《てんりんじょうおう》（正法によって全世界を統治する王者）としてこのインドを統一していただきたい」といった。その当時のインドは、ひじょうにたくさんの小国に分裂しておりました。そのあおりで苦しんだ民衆は、やがて転輪聖王という偉い王が出てこの国を統一してくれるだろうと期待した。それで、頻婆娑羅王は「あなたの国が小さくて不満なために出家なさるのでしたら、私の国の半分をあげましょう、半分で不十分でしたら、みんなあげてもよろしい。あなたのような聡明な太子が出家するのは惜しい」といってひじょうに出家を惜しまれた。

すると太子は、「私の出家するのはそんな世間的な問題とは違う。人としてもっているこの深い悩みから解脱《げだつ》したい。私の救われることは一切の衆生《しゅじょう》の救われることである」と仰せになった。王は「それならいたしかたない。しかし、もしあなたがさとりを開かれたならばこの国へおいでになって、私を一番先に救っていただきたい」と約束をされました。お釈迦さまは成道《じょうどう》の後、約束どおりこの国へおいでになり、王のために法を説かれた。王はお釈迦さまの外護者《げごしゃ》となり、耆闍崛山《ぎしゃくつせん》を開いて説法の道場とされたのであります。

さてこの経典は、古来からたくさんの高僧によっていろいろ注釈され、広く読まれたお経でありますが、このくらい漁《あさ》って（さがしまわって）読まれ、問題となったお経も少ないのであります。唐に善導という人が出て、初めて本当の見方というものが定まったのであります。それはそれは、ひじょうな自信をもって注釈を書かれた。「一句一字加減すべからず。写さんと欲するものは、もっぱら経法《きょうぼう》のごとくすべし、知るべし。」（『観経疏』後跋、聖典七祖篇五〇四頁）――ひじょうに自信の強いことをいわれている。もっとも一日に念仏を三万遍も称え、『阿弥陀経』を三遍も読んで、日々阿弥陀仏に祈誓《きせい》をこめ、夢中に一人の僧の指授《しじゅ》を受けて書いた、と序文に書いてある。

王舎城に阿闍世《あじゃせ》（アジャータシャトルの音写）という太子がいた。調達（提婆達多《だいばだった》。デーヴァダッタの音写）という悪友にそそのかされて、「父王頻婆娑羅を牢屋に押し込めて食を与えず」、いわゆる干し殺しにしようとした。そこで皇后の韋提希夫人《いだいけぶにん》（ヴァイデーヒの音写）は、なんとかして王の命をつなぎ止めようとして、身を清めパン粉と蜜のようなものを練って身に塗り、頭・首・胸にかける瓔珞《ようらく》という飾りの中にぶどう酒を入れて、ひそかに牢獄に運び、王の命をつなぎとめていたのであります。そこで王は、竹のへらのようなものでパン粉を削ぎとり、ぶどう酒を飲んで、耆闍崛山に向かい、釈尊に向かって「大目犍連《だいもくけんれん》（マウガリヤーナの音写。目連ともいう。十大弟子の一人で神通第一）は以前から私の親友であります。願わくば彼をお遣《つか》わしになり、私のために八戒を授けたまえ」と願った。すると大目犍連は鷹か隼《はやぶさ》のように空中から牢獄に現れて王に八戒を授け、富楼那《ふるな》（プールナの音写。十大弟子の一人で説法第一）は空中より来て法を説いたので、王は肉体的栄養と精神的慰安を得ていっこうに容貌《ようぼう》も体力も衰えなかった、という内容であります。

八戒とありますが、全体インドでは在家の者は五戒を、男性の出家は二百五十戒を、女性の出家は五百戒を保てということになっております。五戒というのは、一には「不殺生《ふせっしょう》」で生物の命をとってはならない。二には「不偸盗《ふちゅうとう》」で盗むなかれ。三には「不邪淫《ふじゃいん》」で他に属する女を犯してはならない、いわゆる三角関係をやってはいけない。四には「不妄語《ふもうご》」で偽ってはならない。五には「不飲酒《ふおんじゅ》」で酒を飲んではならない。酒を飲むことそれ自体は悪いことではないのでありますが、酒を飲むととかく間違いを犯すからいけないというのです。

仏教では、「この世に生まれるのは五戒を保った功力《くりき》によるのである」と申しますのは、そもそも五戒なるものは人として守るべき道徳なのであります。人の道をゆけば人になり、獣の道をゆけば獣となり、仏の道をゆけば仏となることは自然の道理であります。

八戒（八斎戒のこと）というのは五戒にさらに三戒を加えますが、そのときは不邪淫は不淫となり、たとえ自妻といえども犯してはならぬのであります。そのかわり期間は一日一夜に限るのでありまして、もう一日もう一日と守っていきますから、一日をへて翌日守らなくても破戒とはならないのであります。

六には「不香油塗身《ふこうゆずしん》」、脂粉を塗ってはならない。七には「不歌舞観聴《ふかぶかんちょう》」、歌舞を観たり聴いたりしてはならない。八には「不高広大床《ふこうこうだいしょう》」、立派な床に寝てはならない。これらは心の平静《へいせい》を保って歓楽を避けるのであります。九には「不非時食《ふひじじき》」、午後に食物を口にしてはいけない。以上のうち、「不非時食」を斎とするが、他にも諸説があります。

経典の上にはこれだけしか書いていないのでありますが、善導大師（六一三〜六八一。中国浄土教の大成者で七高僧の第五祖）は、この悲劇の中に、人間の業《ごう》の深さというものを非常に深く味わわれたのであります。

元来、この王さまに子どもがなかった。もっとも物語の後に出てくる耆婆《ぎば》（ジーバカの音写。釈尊在世の当時の名医）という人は、王子ではありますが正妻《せいさい》の子でなかった。それで、あるとき占者《せんじゃ》にみてもらったところが、「この国の山中に一人の仙人がいる。それが三年たつと王子に生まれる」ということをいった。そこで、王さまはさっそく仙人をさがして聞いてみたところ、「三年待ってくれ」という返事。そこでこの王さま、ひじょうに気の短いあっさりとものを考える人であったとみえて、「オレはもう年をとっているので三年ぬくぬくと待っていられない。さっそく死んでくれ。この国のものはみなオレのものだ。仙人だとてオレの国にいるものだから、いやだというなら殺してこい」という、ずいぶん乱暴な命令を下した。そこで使者がふたたびおもむろに仙人を口説いたけれども、仙人だって命は惜しいに違いない。それでとうとう殺してしまった。そのとき、その仙人が「王は乱暴にも人にオレを殺させようとした。オレも王子となって生まれたら、人をして王を殺してやる」といって恨《うら》んで死んだ。

するとも韋提希夫人は、その頃より妊娠したけれども、どうも気になってしかたがない。また、占者を呼んで聞いてみた。すると「これは男の子で、決して女ではない。しかし、王において損あり。王さまのためにならぬ子どもであります」という返事であった。しかし、「どうせこの国はその子どもに譲るのであれば、損ではない」といったものの、やはり気になるので、月満ちて生まれるとき、高楼《こうろう》（高い建物）の上から生み落として殺す計画を立てた。えらい念の入った殺人です。ところが、子どもは小指を一本折っただけで命に別状がなかった。それで世間の者は「指折太子《せつし》」とよんだ。阿闍世とは「未生怨《みしょうおん》」と漢訳します。「前の世からの敵」というひどい名をつけたものです。

世間というものは、みずからの鏡であります。敵であると思っていると、味方も敵になる。味方であると思っていると敵も味方となるものであります。ところが、味方と思っていてもいつしか地金《じがね》が出て、敵と思い込んでしまう相手があるものです。頻婆娑羅王も、みずからこの穴に落ち込んでしまった。そこに業というものの深さがあるのです。また、「調 達悪友《じょうだつあくう》の教えに随順して」というのは、調達というのは提婆達多のことでありますが、この人はお釈迦さまの従兄弟《いとこ》で、ひじょうに才知に富んだ人でありましたが、いわゆる倭《ねい》奸邪知《かんじゃち》（口先がうまく心がよこしまで悪知恵）の人であります。幼時からお釈迦さまの競争相手であった。その溝が、年とともにだんだん深くなったのであります。ここにもまた、業縁の深さというものをお釈迦さまは説いておられます。『観無量寿経』にはありませんが、『涅槃経《ねはんぎょう》』というお経にくわしく説いておられます。

善導大師は、

【……提婆《だいば》悪性《あくしょう》にして、為人《ひととなり》匈猛《きょうもう》（性格が凶暴）なり。また出家すといえども、つねに仏《ぶつ》の名聞《みょうもん》・利養（名誉や利益）を妬《ねた》む。しかるに父の王はこれ仏《ぶつ》の檀越《だんおつ》（施主）なり。一時《じ》のうちにおいて多く供養をもって如来に奉上《ぶじょう》す。いわく、金・銀・七宝《しっぽう》・名衣《みょうえ》・上服《じょうぶく》・百味の菓食《かじき》等、一々色々《しきしき》みな五百車なり。香《こう》・華《け》・伎楽《ぎがく》し、百千万の衆、讃歎囲繞《さんだんいにょう》（ほめ取り囲む）して仏会《ぶつえ》に送向《そうこう》して、仏および僧に施す。時に調 達《じょうだつ》見おわ

りて妬心《としん》さらに盛《さか》りなり。……】（『観経疏』序分義、聖典七祖篇三四八頁）

と解しておられます。

「人にほめられ、あんなにたくさんの供養を得て、うらやましいものだ」という名利欲《みょうりよく》が、提婆を馳《か》ってお釈迦さまに反逆をおこさせるにいたったのであります。彼は邪知にたけておりましたから、手段を考え、仏弟子の舎利弗《しゃりほつ》らのところへ行って神通《じんずう》を学ぼうとしたのであります。神通の悪用を恐れて、かねてお釈迦さまより戒められている仏弟子たちは、「精神的な仏道の体験をへたものでなければ神通を学ぶ資格はない」といって、誰も教えてくれない。やむなく提婆は阿難《あなん》（アーナンダの音写。十大弟子の一人で多聞《たもん》第一）のところへ行って「お前はオレの弟ではないか」とおどした。阿難はいまだ学地《がくち》（修学・修行すべき境地）にあって真のさとりを得ていなかったので、提婆の悪計を見抜くことができず、ついに教えたのであります。この辺の説明を善導大師は、『観経疏』序分義で詳細に書かれていますが、大体を申したのであります。

神通を学んだ提婆は、さっそく阿闍世太子に籠絡《ろうらく》（まるめこむ）の企てをした。まず、神通をもって門のないところに出入りをする。空中に寝てみせる。頭の上から火を出す。足の下から水を出す。嬰児《えいじ》に変じて太子の膝の上に戯れるなど、種々な不思議を見せて尊敬の念をつのらせて、たびたび太子のところへ出入りしたのでありますが、ある日いかにも心配そうにしている。太子が、「今日はたいへんふさぎこんでいられるが、どうしたのですか」と尋ねる。待っていたとばかり提婆は、「釈迦はすでに年老いてオレよりほかに後を継ぐものがいない。君は王をしりぞけて新王となれ、オレは釈迦をしりぞけて新仏となろう。新王・新仏あい携《たずさ》えて化《け》を施したら愉快ではないか」（『観経疏序分義』、聖典七祖篇三五二頁）と、思うところを語った。

ところが阿闍世とて人の子で、しかも純情な青年だ。ひじょうに怒って取りあわなかったのであります。それを「あなたは前世は仙人であった。生まれるとき父が殺すたくらみをしたのだ」とさんざん説きつけて、「その証拠には指をご覧なさい。指が一本折れて無いでしょう」ともっともらしくいい聞かされて、さすがに年少な太子はすっかり信用してしまった。

それが王城の悲劇の原因となった、とひじょうにくわしい説明をされる善導大師は、われわれの業縁《ごうえん》の深さを、しみじみこの注釈（『観経疏』）の中で味わっておられるのであります。

✤阿闍世の救い

そんなわけで、阿闍世太子は父の王を牢獄に投ずるようになったのであります。しかし頻婆娑羅王は夫人の助けにより、三週間をへても死ぬことはなかった。

【ときに阿闍世、守門《しゅもん》のものに問わく、「父の王、いまになお存在せりや」と。ときに守門の人もうさく、「大王、国の大夫人《だいぶにん》、身に麨蜜《しょうみつ》を塗り、瓔珞《ようらく》に漿《しょう》を盛《い》れて、もって王にたてまつる。沙門目連《しゃもんもくれん》および富楼那《ふるな》、空《そら》より来《きた》りて王のために法を説く。禁制《きんぜい》すべからず」と。】（聖典八八頁）

いかに浅ましい阿闍世太子でも「オヤジもうくたばったか」ともいえぬから、「父の王なお存在せりや」と上品ないいまわしをした。すると門番は、「国王夫人はひそかに食を運び、仏弟子は空より来たりて法を説いておられる。これは私の制しうる限りではありません」と答えた。すると阿闍世太子は、わが事成らぬのは妨害者のためであると聞いてひじょうに怒り、「わが母はこれ賊《ぞく》なり。賊と伴《とも》なればなり。沙門は悪人なり。幻惑《げんわく》の呪術《じゅじゅつ》をもって、この悪王をして多日《たにち》死せざらしむ」といった。どっちが悪王か。世間の人の他を批難する言葉はみなこうしたもので、自分の立場だけを考えていては、みずからの悪も悪とは感ぜられないのであります。そこで怒りに震えた太子は剣を取って母を殺そうとし

た。それを善導大師は、

【なんぞそれ痛ましきかな。頭《こうべ》を撮《と》りて剣《けん》を擬《ぎ》す。身命《しんみょう》たちまちに須臾《しゅゆ》にあり。慈母《じも》（韋提希）合掌して身を曲げ頭を低《た》れ、児《こ》（阿闍世）の手に就《つ》く。夫人《ぶにん》その時熱き汗《あせ》あまねく流れて、心神《しんじん》（こころ）悶絶す。ああ哀れなるかな、怳忽《こうこつ》（たちまち）のあいだにこの苦難に逢えること。】（『観経疏』、聖典七祖篇三六二頁）

というじつに劇的な表現をもっていいあらわしておられます。自身のお腹《なか》を痛めて産んだ子ども、幼いときから乳房をふくませ、糞尿《ふんにょう》の世話まで怠らず、つらいとも思わなかったわが子。「お母さん」と親しまれ、「かわいい子よ」と他愛なくむつみあったその子によって、髪の毛をつかまれ胸に剣をあてがわれて、子の手の中に母は合掌して身を曲げてうなだれる姿。その母の心、誰が涙なくしてこの一文を読むことができましょう。この悲痛なる光景の印象づけが、やがて浄土というものに救われてゆくための前提となっておりますから、善導大師の描写もじつに悲痛そのものに窺われるのであります。

【ときにひとりの臣《しん》あり、名を月光《がっこう》という。聡明《そうみょう》にして多智《たち》なり。および耆婆《ぎば》と王のために礼《らい》をなしてもうさく、「大王、臣聞く、『毘陀論経《びだろんきょう》』（古代インドのヴェーダ聖典のこと）に説かく、〈劫初《こうしょ》（世界の成立当初）よりこのかたもろもろの悪王ありて、国位《こくい》を

貪《むさぼ》るがゆえにその父を殺害《せつがい》せること一万八千なり〉と。いまだかつて無道《むどう》に母を害することあるを聞かず。……」】（聖典八八頁）

月光と耆婆の二人の大臣がこれを諌《いさ》めた。『毘陀論経』というのはインドの最古典でありまして、その中に、昔から悪王があって父を殺したものは一万八千あるが、まだ母を殺したものは一人もいない、という諌言《かんげん》（いさめること）の仕方《しかた》であります。これはわれわれの想像のつかない奇妙な諌言です。風俗の相違でしょうか。しかし、王位を早くのぞむあまり父を殺すというのは利害という問題が介在する余地はあるが、母に何の利害があるか。利害の衝突なき母を殺すのを見るに忍びないというふうにでも解するのでしょうか。

【「……王いまこの殺逆《せつぎやく》の事《じ》をなさば、刹利種《せつりしゆ》（クシャトリアの音写。種は家柄のこと）を汚《けが》さん。臣聞くに忍《しの》びず。これ旃陀羅《せんだら》なり。よろしくここに住《じゆう》すべからず」と。ときにふたりの大臣、この語を説きおわりて、手をもって剣《けん》を按《おさ》えて却行《きやくぎよう》（後むきに）して退《しりぞ》く。】（聖典八九頁）

母を殺すというのはどうにもけしからん。「刹利種《せつりしゆ》を汚《けが》さん」。刹利種というのはインドの四階級の一つです。婆羅門種《ばらもんしゆ》（バラモン。神につかえる種族）・刹利種（クシャトリア。王族）・吠舎種《べいしやしゆ》（ヴァイシャ。一般庶民階級）・首陀羅種（シュードラ。奴隷階級）という四種の階級があります。インドは階級制度の激しい国でありまして、四種階級の下に見られていた旃陀羅種《せんだらしゅ》はベーダ経典を読誦《どくじゅ》することすら禁じられている。

この階級制度を打破されたのがお釈迦さまで、「四姓ともに仏門に帰すれば一味である」とされ、たとえ旃陀羅種の出でありましても、早く仏門に帰したものが上席ということに定めてあった。それで、ウパーリという散髪屋のオヤジが王族の上に座っているといって問題がおこったこともあったのであります。

とにかく、この釈尊の階級打破が徹底しなかったので後にインドでは仏教が滅んだといわれるほど、インドは階級意識が強かったのであります。

「刹利種を汚さん、これ旃陀羅なり」という諫言は、ひじょうに強い言葉であるということがそれでわかるわけです。そして「よろしくここに住すべからず」と言った。これはあなたのような人はここを出て行きなさいというのか、われわれはこんなところにおられませんというのか、どちらにでも取れます。そこで阿闍世もその強い諫言にひじょうに驚いた。しかもかの二大臣も剣を按《あん》じて（おさえて）いる。あるいは、こんな乱暴な国王にいつ飛びかかられて、バッサリやられるかもわからないという不安もあったのでしょう。

【ときに阿闍世、驚怖《きょうふ》し惶懼《おうく》（おそれかしこむ）して耆婆《ぎば》に告げていわく、「なんじ、わ

がためにせざるや」と。】（聖典八九頁）

　月光には言いにくかったけれども、耆婆はさすがに異母兄です。「なんとか頼む」とこの場の収《しゅう》拾《しゅう》を頼んだのであります。耆婆という人は、王侯貴族とも交わるような当時インド第一の芸人、アンバパーリの腹に宿った頻婆《びんば》娑羅《しゃら》王《おう》の子どもでありました。当時芸人は蔑《さげす》まれていたので、王の子に母と同じ業《ぎょう》もさせられず、遠く遊学させて医術を学ばせ、帰国後は大臣を兼務させてあったのでしょう。早くお釈迦さまに帰依して深く仏法を喜んでいたので、いざという場合に頼みがいある寛容さを認められていたのでしょう。仏法者というものは平素は世間の人から疎《うと》んぜられますが、何かというときの頼もしさが『涅槃経』で阿闍世を最後に救いの道に誘い入れたのでしょう。

　それは後の話ですが、とにかくこの場の収拾を耆婆に託したので、「それでは母を殺すのだけはやめなさい」といったのであります。阿闍世も懺悔《さんげ》して母を許したのでありますが、余《よ》憤《ふん》（心に残るいきどおり）いまだおさまらず、母をも宮殿の奥深く幽閉《ゆうへい》したのであります。韋提希はひじょうな悲しみの中に、はるかに耆闍崛山を礼《らい》して、「お釈迦さまにこんな所へお越しを願うということはできませんが、阿難・目連の二人を遣《つか》わして私を慰めてください。私は今悲しみにうちひしがれ、憂いに沈んでおります」とさめざめと泣きじやくりながらお願いされた。すると、お釈迦さまは耆闍の山上におられてこの念《おも》いを透見《とうけん》されて、阿難・目連の二弟子を空《そら》より飛行せしめ、みずからは忽然《こつぜん》としてかの山上に姿を没《もっ》して王宮の中に出現されました。

こんなふうにお経に説いてあるのは、仏弟子と仏との神通の相違であります。神通というようなことは、この頃の人の理屈っぽい頭にはなかなか入らないらしいですが、精神統一にあらわれる現象です。

【ときに韋提希、礼《らい》しおわりて頭《こうべ》を挙《あ》げ、世尊釈迦牟尼仏を見たてまつる。身は紫金《しこん》色《じき》にして百宝《ひゃっぽう》の蓮華に坐したまえり。目連《もくれん》は左に侍《はべ》り、阿難《あなん》は右にあり。釈《しゃく》（帝釈天）・梵《ぼん》（梵天）・護世《ごせ》の諸天（四天王）、虚空《こくう》のなかにありてあまねく天華《てんげ》を雨《あめふ》らしてもって供養したてまつる。ときに韋提希、仏世尊《ぶつせそん》を見たてまつりて、みずから瓔珞《ようらく》を絶《た》ち、身を挙《あ》げて地《じ》に投《な》げ、号泣《ごうきゅう》して仏《ぶつ》に向かいてもうさく、「世尊、われむかし、なんの罪ありてかこの悪子《あくし》を生《しょう》ずる。世尊また、なんらの因縁ましましてか、提婆達《だいばだっ》多《た》とともに眷属《けんぞく》たる。……」】（聖典九〇頁）

大事なところでありますから、全文を味わって読んでいただきます。さきに父王が乞《こ》うたときは、大目犍連《だいもくけんれん》（目連）を遣《つか》わされただけでありました。しかし今度は、韋提希は阿難・目連の二人の弟子の慰問を乞うたのに、わざわざお釈迦さまみずからが宮中に出現なされたのであります。

その意味を考えてみますと、同じ歎きにしましても、父の歎きと母の歎きとの深さの違いがあるように思うのであります。父というものは、子どもに対してはわりあいにあっさりしているのであります。どうせ子どもに後を継いでもらうつもりでいたのですから、ことは逆になってきたけれども、それに対してある種のあきらめをもっている。だから仏弟子の説法で十分慰めることができるのでありますが、韋提希のほうはそう簡単にはあきらめられない。子どもが出生してからの手数といい、理屈を離れた女としての愛情の深さからいって、どうしてもあきらめきれないものがある。

それを愚痴《ぐち》というのでありますが、韋提希夫人はお釈迦さまを目前に礼拝してなお、「世尊、われむかし、なんの罪ありてかこの悪子を生ずる」といっている。それだけですまないで、「世尊また、なんらの因縁ましましてか、提婆達多とともに眷属たる」と、いわなくてもよい世尊の因縁までを歎いているのであります。自分の子どもにしても初めからの悪人ではなかった。あの提婆がそそのかしたのがいけなかったんだと、まだわが子を信じようとしている。母というものはわが子がどんなに悪に染まっても、ともに悲しむことはあってもわが子を悪人としてせめる気持ちをもたないもの、それが母の心であります。だから歎きが深いのであります。

これは仏弟子の智慧をもって救うことのできる程度のものではありませんから、お釈迦さまみずからが王宮に出現されたのであります。苦悩の浅い父王は、わずかに八斎戒《はっさいかい》（四九頁参照）を授けられて満足し、阿那含《あなごん》（アナーガミンの音写。煩悩を断ち切って再び欲界にかえってこないこと）のさとりに入ったのでありますが、とどまるところを知らぬ韋提希の苦悩はついに浄土の教えによらなければ救われなかったのであります。

法然聖人は念仏の教えの深さを、「たとえば軽き病をば軽き薬をもって治し、重き病をば重き薬をもって治す、極悪最下《ごくあくさいげ》の人のために極善最上の法を説く」といわれたことは味わい深い言葉であります。苦しんで苦しみ抜くところ、そこに必然的に到達するものは浄土であります。浄土をもって妄想《もうそう》のごとく思い、現実生活に即した親鸞教を尊びながら、浄土を信ずることのできない人は、苦悩の足らない人と申さねばならないと思います。

深き歎きの救いの道は、ただ念仏するよりほかに道なく、苦悩に徹する者の到達する世界は、願生《がんしょう》浄土よりほかにないのであります。絶対的現実否定のポイントに立つ者には、超現実的彼岸の世界よりほかにありえないからであります。

第一コースをもって順境にある者の思惟を手がかりとして進む道のきわまるところ、みずからの知識をのろい、頭脳をのろい、ついに自己否定の立場に達して如来の願力《がんりき》を信ずるところに願力成就《がんりきじょうじゅ》の彼岸の面影が浮かんでくるのであります。それと同じく、第二コースの逆境にあって苦悩を手がかりとして現実否定の立場に立つもの、最後に救われゆく世界もまた浄土にあるのであります。

✢地獄におちつつ

【……やや（どうぞ）、願わくは世尊、わがために広く憂悩《うのう》なき処《ところ》を説きたまえ。われまさに往生すべし。閻浮《えんぶ》提《だい》の濁悪《じょくあく》の世をば楽《ねが》わざるなり。この濁悪の処は地獄・餓鬼・畜生盈満《ようまん》し、不善の聚《ともがら》多し。願わくは、われ未来に悪の声を聞かじ、悪人を見《み》じ。いま世尊に向かいて、五体を地《じ》に投げ、哀れみを求めて懺悔《さんげ》す。やや、願わくは仏日《ぶつにち》（釈尊を太陽にたとえたもの）、われに教えて清浄業処《しょうじょうごうしょ》（浄土）を観ぜしめたまえ。】

（聖典九〇頁）

苦悩の浅かった頻婆娑羅王は、結局、阿那含のさとりしか開かなかったのに対して、苦しんで苦しんで苦しみ抜いた韋提は、もっとも大きな浄土のさとりを開いたということの実証が、この願文《がんもん》に願われております。「どうぞ苦悩のない世界を説いてください。私はその国に生まれたい。この国は五濁悪世《ごじょくあくせ》で地獄や餓鬼や畜生が充満しております」。閻浮提《えんぶだい》（ジャンブー・ドヴィーバの音写。人間の住む世界のこと）というのは、当時のインドの世界観であります。世界に四州《ししゅう》ありとして、天上界に近いような歓楽に酔うている北州《ほくしゅう》に対して、人間世界は南州《なんしゅう》で南閻浮提というのであります。これは果報も劣って苦楽相半ばしているが、仏法には因縁が厚いという。なるほど、人間でも享楽《きょうらく》にふけっているものは仏に因縁の浅いもの、苦悩が多く深ければこそ法を求める心もおこる。順境にあって道を求める心のない者が幸福か、逆境にあって道を求める心のおこるのが幸福か、まことに宗教は価値の顚倒《てんとう》であります。

「この濁悪の処は地獄・餓鬼・畜生、盈満《ようまん》」すとあります。地獄や餓鬼や畜生は遠い未来にありと思っていたのに、韋提希夫人は現実の上に見ております。「絵に書いてあるようなあんな地獄がほんとうにあるのですか」と尋ねる今時の若い人びとは、この経の意をよくよく味わってみるとよい。遠い未来に観念的な悪道が存在しようがしまいが、たいしたことではない。しかし、現実のわれわれの生活が、一歩一歩地獄に落ちつつある生活ではないか。眼を開いて身辺を見ても、眼を閉じて自心を顧みても、内も外もみんな地獄と餓鬼と畜生が盈満《ようまん》して（いっぱいになって）いる姿の見えない人は、救いに縁のない人びとでありましょう。

　未来に地獄があるか極楽があるかなどと、ひまな詮索《せんさく》をする前に、現実の人生をじっと見つめてみよう。食が足りない、衣類が足りない、住居がない、軍部が悪かった、政府は何をしている、教育家がだめだ、宗教家がなっていない、あれも食えないこれも食えない、あそこにも泥棒、ここには闇取引、脱税、殺人、姦淫《かんいん》（不正な男女の交わり）等々。

　そして眼を閉じて静かに考えてみると、その悪の双葉のような若芽をみんな自分の心がもっていて、教えの力によって理性がこれを抑止《よくし》してくれているのを、そ知らぬ顔して生きているのがお互いの心ではないですか。

　しかし、これありてこそ救いの道があらわれ、苦悩の中にこそ救いの声が聞こえるのでありますす。人生そのものに変わりはなくて、人生の表皮ばかりを見てごまかして通るか、じっと奥底まで見つめて、苦悩を苦悩と受け取るか。

　第一コースの生き方が、思惟《しゆい》の力で自律的に現実を直視して否定的立場に立って浄土の再認識の道に出るのだとすれば、第二コースの人びとは、否《いや》でも応《おう》でも他律的に現実を直視できるようになって、同じ道に出るのであります。

前者は順境といわれる人、後者は逆境といわれる人。順境にして法に入る人はものを深く考える力のある人。そして周囲に法の体験者があって刺戟《しげき》を受ける機会に恵まれている人。私の友人で念仏者となった学友が二、三人ありますが、みんな頭脳明晰《めいせき》で成績抜群の人ばかりでありました。こんな人は上品《じょうぼん》（上等の種類）でしょうが、数が少ないようであります。

下品《げぼん》（下等の種類）の人は逆境の人で、他律的に現実否定の立場に行かざるをえないのですが、それでも機縁をえない者もある。機縁をえないということは、ただ単に環境の悪にのみ眼を向けて、自心の反映としての世界を見ないからであります。ですから、二つのコースは入り口の相違だけで、中へ入ると同じことになるのであります。

とにかく、韋提希夫人は今や人生に希望を失ったのであります。しかしまだ、絶対的絶望には達しておりません。絶対的絶望とは、人間性そのものへの絶望であります。絶望の深淵《しんえん》とでも申しましょうか。そこへ達するまでの前提として人の世の悪を悲しんで、わが身の運命をはかなみ、心の自信を失って五体を地に投げ、哀れみを求め懺悔したのであります。

✣猫と鏡

　私はあるとき、身近にいる一女性に対して説法をして聞かせたのであります。その女性は結婚以来十数年、二人の子が死んでおり、いま二人の子どもをもっているという。数年来病弱で家のお役にも立たないのでありますが、親が不誠意である夫に「甲斐性《かいしょう》がない、ない」という。反抗的態度をとれば、周囲はますます冷たくなり、夫はもてあまし、両親も愛想をつかす。自分はますます苦しくなり、不平不満に心を曇らせている様は、いかにも哀れなものでありました。それで私は、「まずその不平を並べる口でお念仏しなさい」とすすめました。すると、「お念仏は申しております」と平然として答えるのであります。およそ「お念仏申しております」というのは、大部分申さない人のいう言葉であります。ほんとうに申す人は、「どうも懈怠《けだい》（なまけること）になって申されません」というように決まっているものです。真実は、つねに否定の立場に光っているのであります。それで私が、「いや、いっこうに申しておらん。今、その不平をいうている現在は、一言《ひとこと》も聞こえんではないか」と申しましても、親を呪《のろ》い、夫を見下げる心には、お念仏申すことのできる気配はない。たとえ申したとて、ありがたいとは思えません。

　当地（石川県）は、仏法は形式的にでもまだいくぶん残っております。習慣的に念仏申したといっても、現実の上にみ光りを仰いでいない念仏では、何のありがたみもわかっていないのであります。この王舎城の家庭悲劇を小さくしたような問題をもちながら、これを宗教的に解決していこうとしない。念仏を死ぬときにだけ間に合わすつもりの人ばかりであります。

世間は猫の鏡です。猫が鏡に向かって「フーッ」と吹きつけると、鏡の猫も「フーッ」。こっちは「おのれ、こいつ」というのでなおさら吹く。こちらの猫が和《なご》めば、鏡の猫も和むわけを知らない。周囲の冷たさは自分の心の反映であり、みずから窮地に陥ってしまったわけを知らないのであります。みんな自業自得であるのを、他業自得と思って不平をいう。こういう家庭悲劇はいたるところにあります。

善導大師は、「到るところただ愁歎（嘆き悲しむこと）の声のみを聞く」といっておられますが、宗教的に解決を得るよい素材であるにもかかわらず、ブスブスいうておるか小利口なあきらめくらいの解決が関の山です。

不平不満をもち、人をうらんだり呪《のろ》うたりしているすがたが、三悪道（地獄道、餓鬼道、畜生道の三つ）のすがたです。三悪道は現在にある。現在にあるといえば未来にないとよくいう。しかしこれほど矛盾した話はありません。現在にあったら、未来にあるに決まっている。しかし、遠い未来の三悪道より現在の三悪道で、現在憎しみあい、悲しみあい、そしりあい、妬《ねた》みあっている生活が大問題なのです。韋提希夫人はまさしくここへ当面してきたのです。もはや小利口な知恵で解決するには、あまりにも災《わざわ》いが切実になってきたのであります。お経に説かれているお言葉というものは、一字一句すべて味わいの深いものです。

この人間界に満足し、人間世界こそよいところであると執着している者にとっては、仏も浄土もなんにもいらないわけです。いらない人には、仏の実在も浄土の存在もわからないようにできている。まことに便利なものです。自分がわからせていただくだけの智慧ももたずに、向こうを無いものと思っている。そんな人には無いのが当たり前です。あると思われてきたら、悪いことが平気でできないようになって不便で困るでしょう。苦悩の人生に醒《さ》め、「仏日《ぶつにち》、われに教えて清浄《しょうじょう》業処《ごうしょ》（浄土）を観ぜしめたまえ」。不浄業によって顕《けん》現《げん》した現実の世界を否定する宗教的欲求から、浄土も仏さまも必要になってくる。必要の前にはかならず如来みずからが顕現したもう。また、浄土に対しても再認識でき、普通の認識のしかたでなく、お浄土が私の心に入ってくださるのであります。

一度否定の道を通らねば、ほんとうの肯定に出られない。否定を通らない肯定は、真実でないからすぐ破壊するのであります。ほんとうの道を歩みたいという者なら、かならず現実生活に満足できないはず。安価な肯定ほど毒なものはない。これは社会国家にとっても同じこと。「日本は神国だ、万国無比だ」と、安価な肯定的立場を守っていた日本がだめな国になるのは当たり前。「これではいかん」と気づいた現在のほうがはるかに前途有望です。これは宗教団体にとっても同じことです。

個人の場合も、「己《おれ》は偉い」と思ったら、それが真実の自覚からならばよいが、劣等な自尊心をもつようになったらすでに敗《やぶ》れる一歩手前です。聖親鸞は『平等覚経』を引用して、「悪と憍慢《きょうまん》と蔽《へい》（教えを悪しく聞くこと）と懈怠《けだい》とは、もってこの法を信ずること難し」（聖典四〇一頁）と戒められている。現実肯定の立場には、信仰の世界は開けてこないのであります。それを『観無量寿経』は説いています。ありがたいですなア……ナムナムナム……

✣絶望のはてに

【そのとき世尊《せそん》、眉間《みけん》の光を放ちたもう。その光金色《こんじき》なり。あまねく十方無量の世界を照らし、還《かえ》りて仏《ぶつ》の頂《いただき》に住《とど》まりて化《け》して金《こがね》の台《うてな》となる。〔その形は〕須弥山《しゅみせん》のごとし。

十方諸仏の浄妙《じょうみょう》の国土、みななかにおいて現ず。（中略）韋提希をして見せしめたもう。

ときに韋提希、仏にもうしてもうさく、

「世尊、このもろもろの仏土《ぶつど》、また清浄《しょうじょう》にしてみな光明ありといえども、われいま極楽世界の阿弥陀仏の所《みもと》に生《しょう》ぜんことを楽《ねが》う。やや、願わくは世尊、われに思惟《しゆい》を教えたまえ。われに正受を教えたまえ。」】（聖典九〇～九一頁）

そのときに眉間《みけん》の白毫《びゃくごう》から金色《こんじき》の光りを放ちなされると、それが十方の世界を照らし、ふたたびかえって金《こがね》の台《うてな》のようなものができ、その中に十方の諸仏の世界が現われた。それを見て韋提希は、何のためらいもなく阿弥陀さまのお浄土へ参りたい生まれたいと願ったのであります。これを善導大師は「別選所求《べっせんしょぐ》」と解せられた。別して求める所を選びとったということ。阿弥陀さまの浄土へ参りたい、行きたいとの韋提希の願いです。この願いは、苦悩に徹する凡夫の到達せねばならない願いなのであります。

仏力《ぶつりき》によった韋提希は、浄土をまのあたりに拝んで安心した。末世の世に生まれたわれわれは拝むことはできないけれども、認識ならぬ認識によって実感することができます。真実の信仰は浄土を信ずるのでない、如来に向かって安心するのです。「ただ単に極楽を認識したのでは安心できない」と最初に申しましたことと、「韋提希が浄土を拝んで安心したということ」とは、矛盾するようであります。

韋提希の安心について二箇所説かれたところがあります。今のところが「見土《けんど》得忍《とくにん》」。それは、「阿弥陀さまの浄土を拝んだときに安心があった」とする説。これは親鸞聖人の説。定善《じょうぜん》十三観《がん》中の第七華座観《だいしちけざかん》に、「立撮即行《りっさつそくぎょう》」といって、「阿弥陀さまが韋提希夫人《ぶにん》の眼前《がんぜん》に姿をあらわしたもうところで安心ができた」と見る見方、善導大師の説であります。同じ浄土の祖師にこうした違いがあるのはどんなわけでしょうか。仏を拝んで安心したという善導大師の説なら、そのまま肯定できる。「韋提の*得忍《とくにん》は、出《い》でて第七華座観にあり」とはっきり言いきっておられる。それを、何の必要があって祖師聖人が「見土得忍」の説におきかえる必要があったのでしょうか。それを考えてみましょう。

「華座観《けざかん》」は定善《じょうぜん》十三観《がん》中の第七であります。定善というのは、韋提が「私は仏力《ぶつりき》によって浄土を拝見することができましたけれども、未来の衆生は仏力を蒙《こうむ》ることができません。そのようなときの者はどうして極楽を拝んだらよいのでしょうか」という韋提の願いによって、お釈迦さまが説かれたのが、精神の統一によって浄土を観《み》る方法であります。これが、頁数からいえば『観無量寿経』の大部分を占めているのであります。それで諸宗の大徳方が、『観無量寿経』は仏を拝む方法を説かれたものだ、と了解した。それに対して善導大師が、いや頁数は少なくとも、結論からいうと、どうしても念仏を説かれるのが目的であると。そこで、観仏だ、念仏だ、という見方が分かれた。

善導大師は、観仏を説いているけれども、それはいちおうそういう希望の者もあるから説きあらわしたものの、釈迦の真意は結局そんなことをやめさせて念仏させたいという目的である、と了解されたのであります。

それにしても今日、現実否定の立場に立つこともせずして、いたずらに浄土がわかったら信仰しようと思っている人たちは、まさしく定善（心を定め、他の念をおこさずおさめる善《ぜん》根《ごん》のこと）の立場なのでありまして、これはなかなか容易に抜けきらない心なのであります。

今一つお釈迦さまは、散善《さんぜん》（心の散り乱れているまま悪を廃し善を修めること）というものを説いておられます。これは精神統一には向かないけれども、倫理の上に立って安心を得ようという、律法的な生き方であります。これまた、真の宗教的自覚に達する者のかならず一度通る道なのであります。よい行ないをしたい、よい心になりたい、それから安心した生活をしたい、まことに立派そうな心がけであります。世間的に立派な人、善人、徳者、人格者とかいわれる人、それはまことに麗《うるわ》しい人びとでありますが、こんな人は交際してみると何となくぎこちない感じの人が多い。

それは、その人びとがみずからの善を、徳を、人格を、たのみにしているからでありま
す。これでは救われないのであります。善を行《ぎょう》じてかえって救いに遠ざかり、信仰を得た
いと念願してかえって得られないのであります。これらの定善・散善の気持ちの執着《しゅうじゃく》の強
さはひじょうなものでありまして、いずれの時代、いずれの人もこれを除くのに苦心を要
するのであり、親鸞聖人もひじょうに苦心をされたことを告白しておられます。私自身も
これから抜けるのに約六年ばかり費やしました。

『教行信証』の化身土巻を読みますと、

「まことに知んぬ、専修《せんじゅ》にして雑心《ざっしん》なるものは大慶喜心《だいきょうきしん》を獲《え》ず。（中略）悲しきかな、
垢障《くしょう》の凡愚《ぼんぐ》（煩悩悪業の障りをもった愚かな凡夫）、無際《むさい》（久遠の過去）よりこのかた助正《じょしょう》
間雑《けんぞう》し、定散心雑《じょうさんしんぞう》するがゆえに、出離《しゅつり》その期《ご》なし。みずから流転輪廻《るてんりんね》を度《はか》るに、微《み》
塵劫《じんごう》を超過すれども、仏願力《ぶつがんりき》に帰《き》しがたく、大信海《だいしんかい》に入《い》りがたし。まことに傷嗟《しょうさ》（い
たみなげくこと）すべし、深く悲歎《ひたん》すべし」（聖典四一二頁）

まことに一読すればせつせつたる味わいであります。そのかわり、この倫理的信仰、観念
的信仰から百尺竿頭《ひゃくしゃくかんとう》（到達の極点）一歩を進めたら、悠大《ゆうだい》無限なる大信海《だいしんかい》（大信心を海にた

とえたもの）であります。金剛信《こんごうしん》（信心を何ものにも破壊されない金剛石でたとえたもの）であります。

それはとにかく、こんな定善という観念的信仰の中に出ている華座観の中に、真実の大《だい》安心《あんじん》、念仏の大道があったと立論するようでは具合が悪い。それが混乱をおこす原因と考えられて、（『教行信証』の）序文の中に大信仰を得たとされたのが親鸞聖人であります。

恩徳広大釈迦如来
韋提《いだい》夫人《ぶにん》に勅《ちょく》してぞ
光台現国《こうだいげんごく》のそのなかに
安楽世界をえらばしむ（聖典五六九頁）

と讃詠《さんえい》され、『教行信証』の総序の文《もん》には、

「浄邦縁熟《じょうほうえんじゅく》して（釈尊が浄土の教えを説き明かす機縁が熟して）、調達《じょうだつ》（提婆達多）闍世《じゃせ》（阿闍世）をして逆害《ぎゃくがい》を興《こう》ぜしむ。浄業機彰《じょうごうきあらわ》れて（浄土経生の行業《ぎょうごう》を修するにふさわしい機類があらわれて）、釈迦、韋提《いだい》をして安養《あんにょう》を選ばしめたまえり。」（聖典一三一頁）

と述べられたお気持ちは、ここにあるのであります。

この見仏見土《けんぶつけんど》（阿弥陀さまの浄土を拝んだことと、阿弥陀さまの姿を拝んだこと）の両得忍《とくにん》は、

真宗学上の大問題であります。お内仏《ないぶつ》（内持の仏壇で、家族で礼拝する仏壇のこと）に参ったということは阿弥陀さまを拝んだことであり、阿弥陀さまにお参りしたということはお内仏に参ったことになる。仏さまのおられぬお内仏に参るということはない。お内仏にお参りする目的は、お厨子《ずし》（仏像を安置する箱）を拝むためではない。これをはっきりさせてくれるものが、第七華座観でありますので、善導大師はこの点を便利と思われて、華座観で安心したのだ、という説をとられたのです。

観仏三昧《かんぶつざんまい》――いわゆる観念信仰のとらわれの中に獲《ぎゃく》得《とく》信仰の中心点をおかれたということは、敵陣の中にあって敵の武器を取って敵を降伏させたような妙味があるのであります。

人間相対界は不自由なものですが、阿弥陀さまは、お体《からだ》がそのまま浄土であり、名号であります。そして、そのどれ一つとして如来の願力《がんりき》より顕現《けんげん》したものでないものはない。人生の希望を失い、そして、それがやがて人間性そのものの根底に絶望してしまうとき、如来の願力というものが了解させられるという心を、詳細に立体的にお説きになったのが「華座観」であります。

仏身も、浄土の荘厳も、私一人のためであった。知らぬ間は、他人のものであった。すべて私一人のために、仏の眉間《みけん》の白毫相《びゃくごうそう》（仏身の三十二相の一つ）から千輻輪《せんぷくりん》（仏の足の裏の文様のこと）のある足裏まで、私のためであったと知られるのが華座観の得忍《とくにん》。宝樹《ほうじゅ》（浄土の樹木）の葉一枚も、宝楼殿《ほうろうでん》（浄土の楼閣のこと）の垂木《たるき》（屋根を支える軒にわたす木）一本も、みんな私ゆえのご苦労であったと、浄土の中に願心を仰いで大安心《だいあんじん》を得る相《そう》をあらわしたものが、「見土《けんど》得忍《とくにん》」の意味であります。

✢楽しく生きる

観念的な浄土の見方についてこれまでに述べました。その真ん中に真実の一心帰命《いっしんきみょう》が出てきて、さきの観念的な見方がかえって真実なものでないということが、反顕《はんけん》されているということを、お話ししようと思うのであります。

【「世尊、わがごときは、いま仏力《ぶつりき》をもってのゆえにかの国土を見る。もし仏滅後のもろもろの衆生等《しゅじょうとう》、濁悪不善《じょくあくふぜん》にして五苦《ごく》に逼《せ》められん。いかんしてか、まさに阿弥陀仏の極楽世界を見たてまつるべき」と。】（聖典九三頁）

という韋提希の請《こ》いに応じて、お釈迦さまは定善十三観（阿弥陀仏の浄土を思惟する十三種の観法）、いわゆる精神統一の仕方を教えられた。

第一日想観（西方に向かって入り日を観ずる）
第二水想観（水の清澄《せいちょう》を観じ、浄土の瑠璃地《るりじ》を観ずる。第三の前方便とする）
第三地想観《ちそう》（目を開閉して、浄土の瑠璃地を観ずる）
第四宝樹観（浄土の宝の樹の荘厳を観ずる）
第五宝池観《ほうち》（樹木の間の宝池を観ずる）
第六宝楼観《ほうろう》（樹木と池の間にある宝楼閣を観ずる）
第七華座観（阿弥陀仏の座られる蓮華座を観ずる）
第八　像《ぞう》　観（真身を観ずる前手段として似せ姿を観ずる）
第九真身観（真の阿弥陀仏のご身体を観ずる）
第十観音観（阿弥陀仏の脇士《わきじ》の観音菩薩を観ずる）
第十一勢至観（阿弥陀仏の脇士の勢至菩薩を観ずる）
第十二　普　観（自分がお浄土へ生まれ、普《あまね》く荘厳を見たてまつる観想をする）
第十三雑想観《ぞうそう》（大身・小身・真仏・化仏とりまぜて観ずる）

こんなふうになっております。今は『観無量寿経』の講義をするのではありませんから、観法の羅列《られつ》にとどめておきます。

さて、このような精神統一手段としての観法のお話を聞いていくうちに、韋提希はどんな気持ちになったのでしょう。たぶん、「これはどうも自分のできそうもないことだ、こんなことでお釈迦さまは救われると仰せられるけれども、どうもおかしい。人生の苦悩はあまりにも深い。ましてお釈迦さまの亡くなられた後の、未来の人びとがこんなことで救われるものとは思えない」というふうに、だんだん疑惑が深くなっていったのだろうと思います。

疑いながら第六宝楼観まで聞いていると、お釈迦さまは今までとは筋の違ったことをいい出された。

【仏《ぶつ》、阿難《あなん》および韋提希《いだいけ》に告げたまわく、「あきらかに聴《き》け、あきらかに聴け、よくこれを思念《しねん》せよ。仏《ぶつ》、まさになんじがために苦悩を除く法を分別《ふんべつ》し解説《げせつ》すべし。なんじら憶持《おくじ》（心におもいたもつ）して、広く大衆《だいしゅ》のために分別《ふんべつ》し解説《げせつ》すべし」と。】（聖典九七頁）

「あきらかに聴け、あきらかに聴け」という特別なご注意があった。「よくこれを思念せよ」まるで学校の先生がぼんやりよそ見している生徒、うつむいてじっと考え込んでいる子どもに、「みなさんこちらを向いて」といって、子どもの注意力の集中をうながすような言葉です。

「仏《ぶつ》、まさになんじがために苦悩を除く法を分別し解説すべし。なんじら憶持して、広く大衆のために分別し解説すべし」。そりゃお前の考えているとおり、ほんとうは、観念的な精神統一法くらいでこの深い苦悩が救われるものではないのだ。ほんとうに苦悩を除く法は、別のところにあるのだ。そして、自分が了解できたら、こんなに悩みの多い人生に取りひしがれて（押しつぶされて）いる人びとのために、ぜひとも聞かせてあげたい。また、いわずにいられない法なのだ、ということをいい出されたのであります。

私は先年、吉川英治の書いた『親鸞』という小説を読んだことがあります。小説家の書いた親鸞は種々ありますが、どれもこれも魂の抜け殻のような親鸞を書いてあります。親鸞聖人もえらい迷惑なこと、自分の親鸞を書くのなら「新鸞」とか「親乱」とか別の名をつけてくれるとよいのですが、名前が本物ですからえらい迷惑でしょう。この吉川氏のものも歴史的にずいぶん問題があり、また、信仰のうえからもずいぶんおかしな親鸞ですが、しかしその中に一つだけ私の敬服した点があります。

それは、恋愛問題や家庭問題やら、さまざまの問題に悩んでいる人びとに対して親鸞が呼びかけるときにかならず使う言葉なのですが、「あなたはどうしてそんなに苦しんでいるのですか。もっと世の中を楽しく生きる道があるのですが聞いてみませんか」というように呼びかける。すると、相手は苦しくてたまらない立場ですから、「こんなに苦しいのに、楽しく生きる法があるのですか」といって聞く気持ちになる。そんなふうな会話がいくつか出てきていたように記憶しております。これだけは、ところをつかんだ（ふさわしい）ものだと感心しました。

「楽しく生きる法」。ほんとうの仏の教えというものは、楽しく生きる法なのです。どんな苦脳の中に悶えていても、念仏の申される人の苦悩は、苦悩だといえばよいのか、法悦だといえばよいのかわかりません。人びとにそしられ、憎まれ非難されても、念仏申す心の中には、いつのまにかこれが苦悩とは感ぜられなくなって、かえって法を光らせてくださるための如来の善巧《ぜんぎょう》（よく巧みな方法をめぐらしてあること）と味わわれてくると、もうそこには苦悩の影が薄くなって、法悦の心が湧然《ようぜん》（つき通すように湧き出るさま）とおこってくるのであります。「そんなに苦しんで世の中を渡らなくとも、もっと楽しく生きる法がある」とは、よくいったものだと感心します。

【この語《ご》を説きたもうとき、無量寿仏、空中に住立《じゅうりゅう》したもう。観世音《かんぜおん》・大勢至《だいせいし》、この二大士《にだいじ》は左右に侍立せり。光明は熾盛《しじょう》にしてつぶさに見るべからず。】（聖典九八頁）

韋提希がひじょうに注意してお釈迦さまの次のお言葉を待ったのでありますが、いっこうにお言葉がない。すると忽然として阿弥陀仏が空中にお現われになるのであります。これがいわゆる「第七華座観の得忍《とくにん》」といわれるのでありまして、そのお姿を拝んで、韋提希は大安心《だいあんじん》に達したのであります。
（韋提希）

ここで一つ疑問がおこってくるのでありますが、真宗の安心《あんじん》（心を安んずること。信心決定《けつじょう》の心相をあらわす平易語）というものは聞くということで開けるというのが原則でありますが、韋提希夫人が「見ること」によって開けたということになりますと、これはどうも変則だということになる。

しかし、その前にお釈迦さまが「苦悩を除く法を説く」といわれた言葉を聞いている。これは、名号のいわれであります。「南無阿弥陀仏」という言葉は、苦悩を除くという言葉なのであります。除苦悩法それよりほかに南無阿弥陀仏ということはない。それなら何も阿弥陀仏が空中に現われなくてもよいようにさえ思われる。これは名号の体《たい》をあらわすということになる。紙幣はただの紙だと思っている者に金貨と換えて見せた。念仏が、名号が、そのままほんとうの仏そのものだぞ、ということを見せてもらったのであります。「除苦悩法」と説いたのはお釈迦さまであるけれども、お釈迦さまの言葉だというものがどこかへ隠れてしまって、本体の阿弥陀仏を拝んでいる。お経に書いてあるとか、何々和上がどういうたとかということでなくて、その言葉そのままが阿弥陀仏の勅命《ちょくめい》（ご命令）であり、阿弥陀仏のお姿と拝まれなくてはならないのです。

『歎異抄』の第二節のところに、「弥陀の本願まことにおわしまさば、釈尊の説教虚言《きょごん》なるべからず」と出ている。常識的にいえば、「釈尊の説教まことならば、弥陀の本願まことなるべからず」とならなければならない。それではほんとうではない。如来の教勅《きょうちょく》に直結されねばならない。そこに善知識という媒介をなくしてしまっている。「尽十方無碍光如来」に直参《じきさん》（直接主につかえる）している姿、そういう意味がここにあらわれているように思うのであります。

苦悩というものを縁として、ついに韋提希は苦悩を除く法というものに達したのであります。南無阿弥陀仏がほんとうに苦悩を除いてくださるということが知られてみると、いよいよ苦悩の深いわが身の姿というものがはっきり浮かび出してくるのであります。わが身の苦悩の姿というものがほんとうにはっきりするということは、苦悩を除く法を聞いたときであり、それが苦悩から救われたというわけであります。

「中にいて中とわからぬ霞かな」という句があります。霞の中にいては、霞の中ということはわからないのであります。霞の中と知られることは、霞から一歩出ているからであります。その意味におきましては、仏さまほど苦悩の世界を知っておられる方はないのであります。われわれも念仏に帰《き》して初めてほんとうに苦悩の世界ということが痛感されていくのであり、これを感じられることは、いよいよ苦悩から解放されていくのであります。

韋提希は、「閻浮提《えんぶだい》（人間の住むこの世界）の濁悪《じょくあく》の世をば楽《ねが》わざるなり」（聖典九〇頁）といったときから、こんな苦しみのない世界がありそうなものだという予感があったのでしょう。それが、やがて苦悩なき安楽世界を選ぶこととなって、いよいよ人生の苦悩というものを反照されてきたに違いない。夢の世が夢と知られるということは、実相の光りに照らされてこそであり、苦悩を苦悩と知らされることは安楽世界のみ光りの反映であります。

「倫理的宗教や観念的信仰によってとうてい救われるようなそんな苦悩ではない」と知られるところ、その絶望の境地から仏さまの救いのみ声が聞かれるのであり、「苦悩の人生」と知られるとき、私のために十劫《じっこう》の昔から安楽浄土を建立《こんりゅう》して待ちわびたもう親里として、理論的には到達することのできなかった浄土が身近に温かく感じられてくるのであります。

✤二河白道のたとえ

『観無量寿経』を味わいまして、「浄土というものは如来に帰命する心の中から、みずから味わわれるものである」「その帰命の心は、人生の苦悩の姿に醒《さ》めることからおこる」という順序で話してまいりました。

「三悪道の満ち満ちているこの世がいやになりました」という人生への絶望が、やがて真実の浄土を願う素因となっていることを味わってまいりましたが、それはまだ相対的な絶望でありまして、絶対的な絶望になっておりません。絶対的絶望というのは人間性そのものへの絶望であり、そういう境地があって真の救いが現成《げんじょう》する、ということをこれからお話ししてみたいのであります。

それについて、善導大師の「二河白《にがびゃく》道《どう》の譬喩《ひゆ》」（略して二河譬《にがひ》ともいう）から味わってみるとよくわかるのであります。この二河譬は、仏教のお話を聞いたことのある方は誰でも知っておられることでしょうが、「仏教の三大譬喩」といわれているものの一つであります。

この譬喩は、善導大師の当時、信仰界で誤り伝えられていた『観無量寿経』の見方を是正するために、大師が阿弥陀さまの霊験《れいげん》を受けて書かれた、四部の注疏《ちゅうしょ》（『観経四帖疏』のこと）の『散善義』という一部の中に出てくるのであります。

《二河譬―書き下し文》

また一切往生人等にもうさく、いまさらに行者のために一つの譬喩を説いて、信心を守護して、もって外邪異見《げじゃいけん》の難を防がん。なにものかこれや。たとえば人ありて、西に向かいて行かんとするに、百千の里ならん。忽然《こつねん》として中路《ちゅうろ》（途中）に見れば二つの河あり。一つにはこれ火の河、南にあり。二つにはこれ水の河、北にあり。二河おのおの濶《ひろ》さ百歩《ひゃくぶ》、おのおの深くして底なし、南北辺《ほとり》なし。まさしく水火の中間《ちゅうげん》に一つの白道あり、濶さ四五寸ばかりなるべし。この道、東の岸より西の岸に至るに、また長さ百歩、その水の波浪交わり過ぎて道を湿《うるお》す。その火焔《かえん》また来りて道を焼く。水火あい交わりて、つねにして休息《くそく》することなけん。この人すでに空曠《くうこう》（はてしない広野）のはるかなるところに至るに、さらに人物《にんもつ》なし。多く群賊《ぐんぞく》・悪獣《あくじゅう》ありて、この人の単独なるを見て、競《きお》い来りてこの人を殺さんとす。死を怖れてただちに走りて西に向かうに、忽然としてこの大河を見て、すなわちみずから念言《ねんごん》すらく、〈この河、南北に辺畔《へんぱん》（際限）を見ず、中間に一つの白道を見る、きわめてこれ狭少《きょうしょう》なり。二つの岸あい去ること近しといえども、なにによりてか行くべき。今日さだめて死せんこと疑わず。まさしく到り回《かえ》らんと欲《おも》えば、群賊・悪獣、漸々《ぜんぜん》に（次第に）来り逼《せ》む。まさしく南北に避《さ》り走らんとすれば、悪獣・毒虫、競い来りてわれに向かう。まさしく西に向かいて道を尋ねて去かんとすれば、またおそらくはこの水火の二河に堕せんことを〉と。時にあたりて惶怖《こうふ》（恐れおののくこと）することまたいうべからず、すなわちみずから思念すらく、〈われいま回《かえ》らばまた死せん、住《とど》まらばまた死せん、去《ゆ》かばまた死せん。一種として死を勉《まぬか》れざれば、われ寧《やす》くこの道を尋ねて前《さき》に向かいて去かん。すでにこの道あり、かならず可度《かど》すべし〉と。この念をなすとき、東の岸にたちまちに人の勧むる声を聞く、〈きみただ決定《けつじょう》してこの道を尋ねて行け。かならず死の難なけん。もし住《とど》まらばすなわち死せん〉と。また西の岸の上に、人ありて喚《よ》ばいていわく、〈なんじ一心に正念にしてただちに来れ、われよくなんじを護らん。すべて水火の難に堕せんことを畏《おそ》れざれ〉と。この人、すでにここに遣《つか》わし、かしこに喚ぼうを聞いて、すなわちみずからまさしく身心に当りて、決定して道を尋ねてただちに進んで、疑怯退心《ぎこうたいしん》（疑ったり、恐れたり、しりごみしたりする心）を生ぜずして、あるいは行くこと一分《ぶん》二分《ぶん》するに、東の岸の群賊等《ら》喚ばいていわく、〈きみ回《かえ》り来れ。この道嶮悪《けんあく》なり。過ぐることを得じ。かならず死せんこと疑わず。われらすべて悪心あってあい向かうことなし〉と。この人、喚ぼう声を聞くといえども、またかえりみず、一心にただちに進んで道を念じて行けば、須臾《しゆす》にすなわち西の岸に到りて、永くもろもろの難を離る。善友《ぜんぬ》あい見て慶《きよう》楽《らく》すること已《や》むことなからんがごとし。これはこれ喩《たと》えなり。(『教行信証』信巻、聖典二二三頁)

この二河譬の文を読まれた親鸞聖人は、

善導大師証《しょう》をこい
　定散二心をひるがえし
貪瞋《とんじん》二河《にが》の譬喩《ひゆ》をとき
　弘願《ぐがん》の信心守護せしむ（聖典五九〇頁）

と讃詠《さんえい》しておられます。弘願の信心、そういう信心は「異学・異見・別解《べつげ》・別行《べつぎょう》」、いわゆる宗教観の違った人たちの批難や誘惑に狂うものではないという、証権《しょうけん》(証をたて独立させたこと)の確立であります。本文の字句を離れて、大意《たいい》をお話ししましょう。

いわゆる一人の旅人が西に向かって歩いていた。ところがその野路《のじ》は果てしもなく遠く遥かに続いている。人っ子一人いない葭《よし》や葦《あし》の生え茂っているさびしい野路を、独《ひと》りとぼとぼと歩いて行くのであります。するとこの旅人のただ一人であることを見て、「群賊・

悪獣」といった悪い人や獣が追いかけて来たので、この旅人は一人ぼっちで恐くてずんずん西に向かって逃げて行ったのであります。すると突然、目の前に二つの河が見えてくる。火の河は南にあり水の河は北にあり、そしてその河の幅は百歩ばかりで、向こうの岸までは近いけれども、底なしの深さで渡ることができない。南北にほとりなく続いていて、まわり道をして逃げるわけにもゆかぬ。ところがよく見ると、この二つの河の真ん中に細い白い道があるのを見つけた。しかし、それはわずかに四、五寸の広さであり、あるときは火の河の炎に焼かれ、またあるときは水の河の波に湿《うるお》されたりして、道そのものも見失われようとする。少なくとも危かしくて渡れそうな気持ちがしない。しかし、こうしてじっとしていたら、結局「群賊・悪獣」に殺されてしまうよりほかはない。

「時にあたりて惶怖《こうふ》することまたいうべからず」。ひじょうに恐れおののいたのであります。

「われいま回《かえ》らばまた死せん、住《とど》まらばまた死せん、去《ゆ》かばまた死せん、一種として死を勉《まぬか》れざれば……」。もうだめだと思ったのであります。これが「三定死《さんじょうし》」といわれる分《ぶん》斉《さい》（差異をたて分けること）であります。どうせ死ぬなら前に向かって死んだほうがよい、どうもこの道なら行けそうな気がこの旅人にはあります。

そのとき東の岸より、「きみただ決定してこの道を尋ねて行け。かならず死の難なけん。もし住《とど》まらばすなわち死せん」という声が聞こえてきた。これを善導大師は「発遣《はっけん》の声」といっておられます。また西の岸の上から、「なんじ一心に正念にしてただちに来れ、われよくなんじを護らん。すべて水火の難に堕せんことを畏《おそ》れざれ」という「招喚《しょうかん》の声」を聞いたのであります。

発遣の声は「わき目もふらずに一生懸命に行けよ」と力づける。また招喚の声は「一心正念に進んで来い、決して危ないことはないぞ」と呼ぶ。こういう両岸の声を聞いた旅人は、さらにためらいの心がおこらず白道の上を進んだのであります。

ところが白道の上を二足三足《ふたあしみあし》進みかけると、今まで迫って来た群賊・悪獣がなれなれしくも呼び返す。「帰れ、帰れ」という。「われらすべて悪心あってあい向かうことなし」。「君に別に悪意があってのことではないよ、そんな危ない道を行くものじゃない。きっと河の中に転落して焼かれ溺れるにきまっているではないか。引き返したまえ」と呼び返す声を聞く。だが、かえりみることもなく、たちまちのうちに向こう岸に着いて善き友と交わることができたので、「慶楽《きょうらく》きわまりない」のであります。

✢悪を転じて

　これが、善導大師のお説きになった譬喩の大意であります。この譬喩は、学問的にはむずかしいのですが、今は信仰問題の上から味わっていきましょう。

「旅人」というのは私たちであります。そろそろものを思う頃になってくると、何かしら頼りない、もっと頼りになるものがほしい、という気持ちになるのであります。これがそもそも求道の旅の始まりであります。それはそれは、長い長い、遠い遠い旅であるに違いありません。「無人空迥《くうこう》の沢」であります。人っ子一人いない葭《あし》や葦《よし》の生え茂っている野原。それは、「独《ひと》り生れ独り死し、独り去り独り来る」（聖典五六頁）。一つとして相《あい》したがうもののない、久遠劫来《くおんごうらい》（久しく遠い時間をへて）、私たちの歩いて来た一人旅であります。

　人がいないということを親鸞聖人は、「常に悪友に随いて真の善知識《ぜんぢしき》に遇わざるなり」と解しておられますが、私たちは今の今まで真の善知識（正しい教えを説いて仏道に入らしめる人）に遇うことができなくて、孤独の旅を続けてきたのであります。

　また、善導大師は、「悪友は善友に対す。雑毒虚仮《ぞうどくこけ》の人なり」といっておられます。雑毒虚仮というのは、不純な凡夫心の雑《まじ》っている似て非なる善をたのみ、一時的な間に合わせの善を頼っているものであります。

私どものしていることはすべて毒が雑っている。悪いことはもとより、善いことでも毒の入っていないものはないのであります。たとえば私どもが人に親切をすると善いことをしてやったという気持ちがわいてくる。よその子どもが水に溺れかけているのを助けでもすると、自分のしたことは立派な行ないである、人命救助だという誇りの心がおこる。その子の親が礼にでも来ると、口先では「いやどうしまして、当然のことをしたまでです」などといっているが、もし礼に来ないと腹を立てる。

お寺参りなどでも、やはり毒が雑りやすい。仲間を誘ってお寺へ参る途中、履物を取りかえて帰って行く仲間を見て、おれは火の中でもこぎ分けて参る気持ちなのに、あのような不道徳ではまだまだ……と自分をおごりたかぶる気持ちがおこったりする。これらはみな虚仮の姿であり、雑毒の善であります。私どもはそのように、する事なす事ことごとくが雑毒でありますから、悪人といわれるのであります。

宗教の善人悪人というのは、倫理や法制の善悪ではない。いきどおり、腹立ち、むさぼり、妬《ねた》む心、それらが悪の根源であります。現代に生存している人間でこれのないものはいないはず。それが極度に達すると倫理や法律上の悪にまでなるが、宗教的悪なるものはもっと根本的なもの。しかも、その善人悪人は宗教的な自覚内容であります。私は善人だという者が本当の善人か、それとも悪人か、客観的にはわからぬもの。それより私は悪人だと反省のできた人こそ客観的に善人である場合が多く、仏さまからは善男子・善女人といわれる者ではないでしょうか。

仏さまが「悪人は助けぬ」といわれたら、私どもは救われることがいつあるのでしょう。悪人こそ往生の正機《しょうき》（正しいめあて）と呼びたもううちにこそ、*転悪成徳《てんあくじょうとく》の道があるのでありますそういう高い道を、歪曲《わいきょく》されることがよくあるのは情けないことと思います。

人間の善には絶対善はない。すべてが虚仮《こけ》（むなしくしてかりで真実でないこと）の善であり、人間の世の中だけの仮の善であります。親孝行も誠実の親切も仮なる孝行であり、仮の誠実であり、親切であって、仏さまの眼から見られたら口と心と身体とのちぐはぐな雑毒のものばかりです。

この中にあって、ただ一足《ひとあし》ずつ真実の道へ踏み出させていただくのは、お念仏ばかりであります。自分を反省することもなく、名誉・地位・財産、こういうものばかりにだまされて、今まで真の善知識に遇わなかったのを「無人空迥《くうこう》の沢」といわれるのです。

倫理の破綻《はたん》を来たしながらも、なお倫理的宗教にしがみついてそこから抜けきらない人たちばかりで、本願の白道を行く親友知識に遇わぬ姿が、「無人空迥の沢」を行く姿であります。

この声の中に「群賊・悪獣」のことが二遍出てくるのでありますが、おのおのその意味が違うのです。初めは旅人の単独なのを見て競い来《きた》りて殺さんとする。次には、旅人がいよいよ決意して白道を行くとき呼び返す。

初めの意味は自己の心身であり、善導大師は、六根《こん》・六識《しき》・六塵《じん》・五蘊《うん》・四大《しだい》にたとえられました。六根とは眼《げん》・耳《に》・鼻《び》・舌《ぜっ》・身《しん》・意《い》の感管《かんかん》。六識とは感管をとおしての感覚であり、六塵はその対境を指す。五蘊は色《しき》・受《じゅ》・想《そう》・行《ぎょう》・識《しき》、すなわち精神の世界と物質の世界。四大とは地・水・火・風の物質の構成元素。

総じて肉体および精神ならびにそれらの対象となる世界、それがすべて群賊・悪獣である。それが偽り親しんでだましているのです。金がたまったら幸福であろう、名誉を得たら幸福であろう、結婚したら幸福が待っているように思い、幸福でないものを幸福であるように思い込んでいるのは、みんな群賊・悪獣にだまされてきたことになります。

私たちはここまでは世間の幸福にだまされてきたのですが、結婚しても、地位を得ても、学問をしても、財産を蓄えても、苦悩が絶えないという自分の体験をとおして、この世の中がわかってくるのが、群賊・悪獣が迫ってくるということであります。そうすると前に火の河が見えてきます。

今までは人が悪いといってきたが、今度は自分の心がわかってくる。相当な自信をもっていた自分の心の中をうち割ってみると、怒りと貪《むさぼ》りばかり。それらを何とか始末したい、火の河、水の河をどうしてこええようかと考える。向こう岸までわずかに百歩。何とかできそうだけれども、その怒りの火の河と貪りの水の河とは、底なしの深さであり、時間的には今さらのものではなく、無始以来のもの。われわれの動物的本能である限りにおいて、底はない。しかもそれは空間的にも無辺であります。

この前、尼さんがお参りになってありがたかった。宗教家の堕落を憤慨するのには私も同感はしますけれども、自分を静かに振り返ってみると、どうも他人のことをとやかくいえない。一つのことを批判している心はすでに空虚《くうきょ》で、ありがたいなどとは思えないものです。みずからの堕落を反省させていただくとき、おのずから頭が下がり念仏させていただけるものです。人のことのみに気をとられている間は、信仰に遠いところにいる人です。まだ無人空迴（人っ子一人いない広い野原）の遠い向こうにいるのです。

我《が》の自覚のないのが無宗教者です。われわれの悩みは何が根底になっているかといいますと、人間に生まれてきてからの悩みではない。前世からの悩みです。子どもが可愛いということは、動物も人間も同じ。夫に別れて泣く、それは経済的な悩みもありましょうが、それよりも本能的な悩みがもっと根本的でしょう。人倫と本能との矛盾が悩ましい。この本能こそ、根深くまたひじょうに長い迷いであります。

この旅人は、これは渡ることができない、前にも行けない、後へも戻れない、とどまってもいられない、だめだと人生に絶望した。己《おのれ》に絶望した。これが「三定死《さんじょうし》」です。

✢慈悲のきわまり

そこで、三定死は機の深信であるかどうか、という問題がある。信心には「機の深信」と「法の深信」ということがあるのですが、機の深信というのは自己に絶望することです。私は、この三定死は機の深信になっていないと味わっているのです。なぜか。この人はここで、だめだと絶望してはいるがまだ本当の絶望ではない。「かならず可度すべし」と書いてある。九分九厘まではだめだと思う下から、またかならず渡ることができると思っている。しかし、このかならずはほんとうの必定ではない。「渡られるのではないか」と思う自分一人の「かならず」です。かならずという下から、まだ真実不安を脱し切れない。名師に遇うてお話を聞いたらかならず極楽参りはできるだろう、参られるに違いない、と思うていると同じことです。

　そのとき東の岸の上より、「お前、ただ決定してこの道を尋ねて行け」という声がする。善導大師は、これをお釈迦さまのおすすめを取り次いでくださる知識である、といわれています。西の岸の呼ぶ声は、阿弥陀さまであります。「なんじ一心に正念に（ひたすら本願に帰し、もっぱら称名すること）してただちに来《きた》れ」と呼んでくださる。そこで旅人は白道を進んで西の岸にたどり着く、とこうなってくるのですが、三定死はなぜ真実の絶望でないか。それは人生に絶望していても人間性そのものに絶望していない。これはひじょうに深いところです。

　なぜか。それは、三定死ではまだ如来の呼び声を聞いていない。この呼び声を聞いたときに、「われもしこの声を聞かねば、絶対に救われないのであった」ことが知られる。如来のお慈悲を聞いたときが自分の罪の深さ、しかも絶対に救われぬ自己の姿がわからせていただけるので、これまでは確固不動の信心になることのできないのは、無限絶大なる如来の願力の呼び声に触れていないから、「機の深信」はおこらないのです。

　昔の国語の本に、アメリカのワシントンの語が書いてあった。「ワシントンの正直」という話でした。

子どもの時分に、お父さんにもらった斧を使ってみたくて、ワシントンがお父さんの大事にしていた桜の木を切った。お父さんがたいへん怒って、「誰が切った」と聞くと、正直に「私が切りました」と白状したというのでした。これはワシントンの正直というよりも、ワシントンを正直ならしめたのは父の愛情かと思います。平素怒りっぽい乱暴な父親には、白状しない。いかなるいたずらをも許してくれる父であるとの、父への信頼が白状せしめている。子の懺悔《ざんげ》は、父の愛情の反映であります。

罪はどれほど深くとも、「かならず救う」という如来の慈悲の徹せぬ限りにおいては、「私こそ罪が深いのです」といいきれない。いっさいを許してくださる如来の呼び声の前に、初めて絶対に許されないわが身の罪業の深さを知らしめられるのであります。「絶対否定」は「絶対肯定」を前にして、初めて可能です。

まことに如来の呼び声の前に、許されることのないものは何一つありません。それでこそ、自己に絶望しきれるのです。そこに至るまでの絶望には、まだどこかに「なんとかなりそうな」一分《いちぶ》の望みがある。まさに「可度すべし」です。「なんとかなりそうな」が取りきれないのです。それの取りきったところが絶対絶望です。それこそ「絶望の深淵《しんえん》」であります。

ここにいたって、万事が百八十度の転回を示す。如来、浄土、救い、という概念も、もはや概念ではなくなって、生きた事実として一時に光をもってくる。自己も人生も絶対に意義を滅したときが、絶対に意義を見いだすことのできるときであります。電灯がだんだん暗くなって消えて真っ暗闇になった瞬間に、一千燭《しょく》（光度の単位カンデラの旧表現）の光を出してきたようなものです。

「いまこの深信《じんしん》は他力至極《しごく》の金剛心、一乗無上の真実信海なり」（『愚禿鈔』、聖典五二一頁）、と、親鸞聖人がこの境地に折り紙をつけられたのです。

ここにいたって自己存立の立場、世界存立の立場が与えられたのであります。今まで無意義と思われた、自己と環境とのすべてに意義を見いだすことができる。人生いっさいの一つひとつの出来事に、如来の光明の輝いておられる姿がありありとわかってくるのでありま す。それは讃嘆《さんだん》しても尽くしきることのない天地であります。絶望の深淵の体験者だけが知るところであります。

おわりに

以上私の体験を顧みて、浄土という問題をとらえてお話を続けてまいりました。親鸞聖人の道ほど現実的な道はないと思います。醜悪汚濁《しゅうあくおじょく》（ひじょうにみにくいことと汚れににごること）そのものの現実の世界と、世界をして醜悪ならしめている現実の我心《がしん》が透見《とうけん》（洞察して見ぬく）されてくるとき、彼岸の世界を見いだすことができなくては、人は生きてゆく力を見失ってしまうのであります。

この世（此岸）のほんとうのすがたが見えたときは、あの世（彼岸）という言葉の意味の深さが知らされるのです。それは同時に、あの世から照らしたもうみ光りによらなければ、この世のすがたが見えてこないでしょう。光いよいよ強く照らして、心のすがた、世のすがたの醜くさを感じ感ぜさせられて、いよいよみ光の清くあまねくお照らしくださることが仰がれてくるのであります。

世間には、「親鸞聖人の書かれた聖典には浄土というものがあまり問題になっていない」などという人もありますが、阿弥陀如来のみ光を説かれた『教行信証』「真仏土の巻」をどのようにみておられるのでしょうか。『三帖和讃』の初めにおかれた四十八首の『讃阿弥陀仏偈和讃』に、浄土の荘厳をなつかしんで書かれた詠嘆調《えいたんちょう》をどのように受けとるのでしょうか。

信心というも、念仏というも、教えというも、名号というも、みな彼岸浄土の宝蔵（数多くの法宝をおさめた功徳の蔵）より顕現したものであり、終帰するところもまたこの宝蔵にほかならないのであります。

一々のはなのなかよりは
三十六百千億の
光明てらしてほがらかに
いたらぬところはさらになし（聖典五六三頁）

一々のはなのなかよりは
三十六百千億の

仏身もひかりもひとしくて
相好金山《そうごうこんぜん》のごとくなり（聖典五六三頁）

相好ごとに百千の
ひかりを十方にはなちてぞ
つねに妙法ときひろめ
衆生を仏道にいらしむる（聖典五六四頁）

南無阿弥陀仏

■補注（カッコ内の数字は掲載頁）

（九）**倶舎論**――正式には『阿毘達磨倶舎論』、世親の著。本書は六百の偈文とこれを注釈した散文とよりなる。有部の教理のゆきすぎを経量部の立場から批判している。

（九）**唯識論**――唯識三十頌と唯識二十論がある。唯識論思想を大成した世親の代表著作。「一切はただ識のみである」と立証したもの。

（一九）**人性主義**――イギリスの哲学者ヒュームによる提唱。人生すなわち人間的自然の経験的分析による基礎づけをする主義。その主体的観念の元は印象であり、理性的な根拠をもたない観念も心的必然性を回復するとした。因果関係は、習慣による確信であって必然性を期待してはいない。自我も知覚の束としてとらえる。人間主義ともいう。

（二一）**父母所生身即大覚位**――「父母所生の身が速やかに大覚位を証する」と、空海が『即身成仏義』で多くの証文を引いて明かしている。「即身成仏」は「速やかにこの土で成仏する」「この身このまま成仏する」と論述した。

（二一）**直指人心・見性成仏**――禅は文字や教説によらず、直接人の心をとらえ、自己の仏性を覚悟するのをもって成仏とする意味。

（二二）**最初の説法**――天台の諦観による区分で、釈尊一代の説法を五時期に分け、さらに教法の内容と説法教化の方法を八種に分けた考え方（五時八教判という）。『華厳経』は釈尊が成道された直後の二十一日間で、悟った悟りそのもの（自内証）を説かれたとされているもの。しかし、この区分については『法華経』と『涅槃経』を優位にするための判定解釈で、浄土教では二双四重判によるべきで用いるべきではないともいわれている。

（二四）**旧訳《くやく》**――玄奘三蔵（六〇二～六六四）以後の翻訳を新訳とし、それ以前のものを旧訳とよぶ。

（三〇）**握り飯一つ**――大谷光瑞訳の『無量光如来安楽荘厳経』に、「一握飯」と訳されている表現をとったもの。

（三三）**二十九種荘厳**

二十九種荘厳

荘厳清浄功徳成就《しょうじょうくどくじょうじゅ》
荘厳量《りょう》功徳成就
荘厳性《しょう》功徳成就
荘厳形相《ぎょうそう》功徳成就
荘厳種々事《しゅじゅじ》功徳成就
荘厳妙色《みょうしき》功徳成就
荘厳触《そく》功徳成就
荘厳三種《さんしゅ》功徳成就
荘厳雨《う》功徳成就
荘厳光明《こうみょう》功徳成就
荘厳妙声《みょうしょう》功徳成就
荘厳主《しゅ》功徳成就
荘厳眷属《けんぞく》功徳成就
荘厳受用《じゅゆう》功徳成就
荘厳無《む》諸難《しょなん》功徳成就
荘厳大義門《だいぎもん》功徳成就
荘厳一切所求《いっさいしょぐ》満足《まんぞく》功徳成就

（以上、依報《えほう》十七、器《き》世間清浄）

荘厳座《ざ》功徳成就
荘厳身業《しんごう》功徳成就
荘厳口業《くごう》功徳成就
荘厳心業《しんごう》功徳成就
荘厳大衆《だいしゅ》功徳成就
荘厳上首《じょうしゅ》功徳成就
荘厳主《しゅ》功徳成就
荘厳不虚作住持《ふこさじゅじ》功徳成就

（以上、正報仏荘厳の功徳八種、仏お

よび衆生世間清浄）
荘厳不《ふ》動《どう》遍至《へんし》功徳成就
荘厳一時遍至《へんし》功徳成就
荘厳無《む》余《よ》供《く》讃《さん》功徳成就
荘厳遍示《へんじ》三宝《さんぼう》功徳成就
（以上、正報《しょうほう》菩薩荘厳の功徳四種、
菩薩の衆生世間清浄）

（七二）**得忍**——他力の信仰を得て極楽往生を心に決定すること。無生法忍を得たことをいう。これに古来、『観無量寿経』の説法全部を聞いたから、序分の散善顕行縁のとき、第七華座観のときの三説がある。桜井和上は第三の善導説に立つ。

（九三）**転悪成徳**——南無阿弥陀仏の徳で、その念仏の智慧がはたらいて衆生の悪を転じ、その徳をおのずから成ぜしめていくこと。『教行信証』の総序に「円融至徳の嘉号は悪を転じて徳を成す正智」と出ている。

（九九）**他力至極の金剛心、一乗無上の真実信海**——『愚禿鈔』（聖典五一二頁）「二種深信」に出ている言葉。救いを誓われた仏の本願力をいかなる人によっても乱されず壊されず堅きこと金剛石のごとし、他力の信心を讃嘆して本願力に乗ずればその功徳広大で海のごとし、とされている。

（二六）三世両重の因果

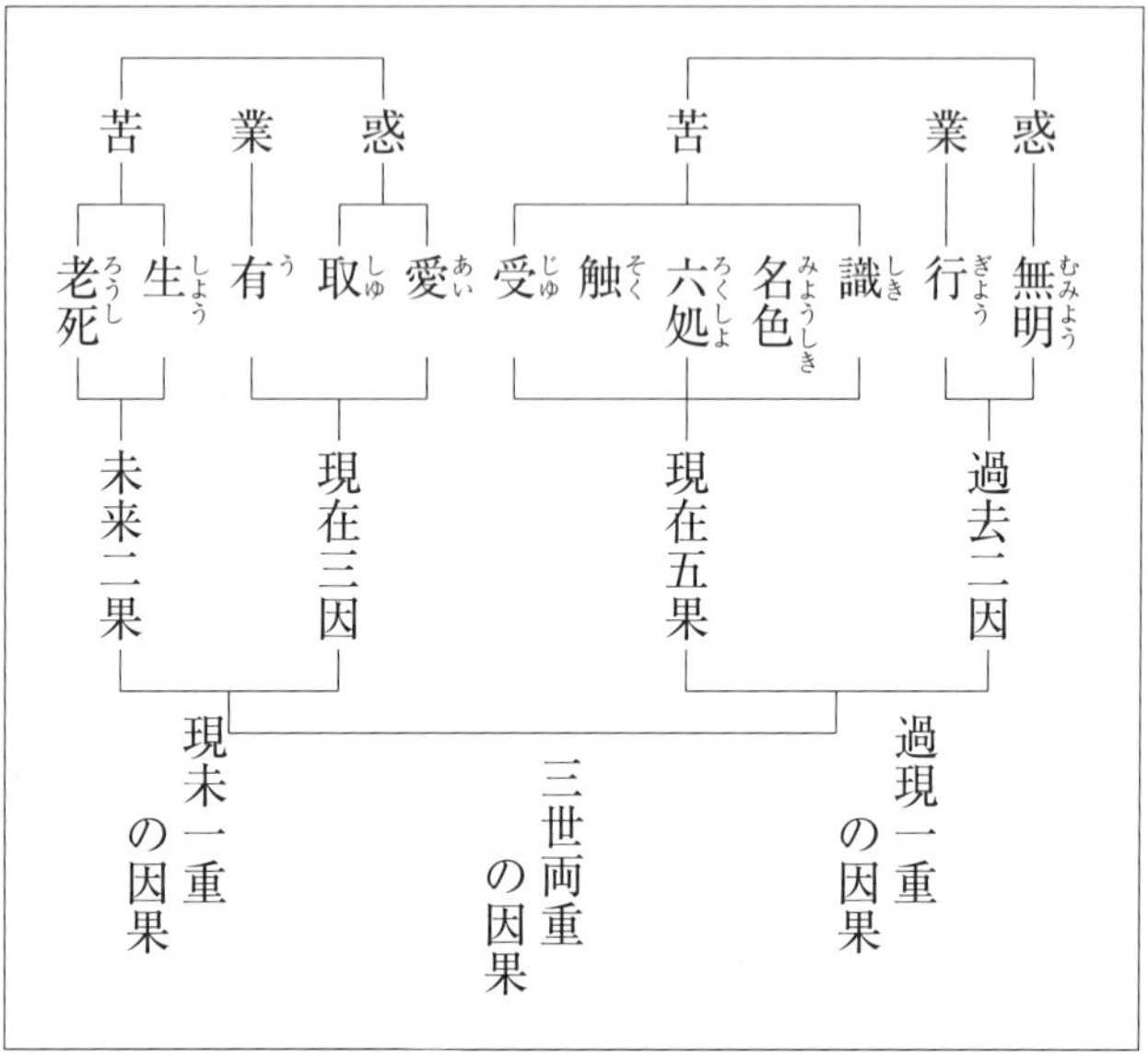

三世両重の因果図示（26頁解説）

あとがき

この講話は、「青年にこそ宗教を求めてほしい」という願いをもって、「宗教入門」と位置づけて話されています。「浄土はあるか、ないか」との問題はひとまずおき、「真の自己とはなにか」という入り口から入ってゆき、浄土はなくてはならないものという「再認識」にいたっております。

江戸時代後期の真宗学者僧鎔《そうよう》和上は、親鸞聖人の『帖外《じょうがい》和讃』にある「超世の悲願ききしより　われらは生死《しょうじ》の凡夫《ぼんぶ》かわ　有漏《うろ》の穢身《えしん》はかわらねど　心は浄土にあそぶなり」を釈して、「浄土に遊ぶなりとはお念仏ご相続のことである」といわれたという。本書の筆者は「これはじつにありがたい解釈ですなー」と何度もご法話で語られました。

筆者の生活は、念仏三昧《ざんまい》の日々でありました。言いかえれば、「心は浄土に遊ぶ」毎日であり「浄土を生きる」生涯でありました。

この講話は、昭和二十二年（一九四七年）、筆者の壮年期に石川県七尾市の光徳寺仏教青年会で話されたもので、月刊誌『染香《ぜんこう》』に連載されたものをまとめたものです。講題は「浄土の再認識」でしたが、この出版に際し、広く読んでいただきたいと思い、『浄土を生きる』という書名に変えて出版することになりました。

前半は「教養的」、後半は「体験的」念仏入門ともいえます。前半は難しいと思われる方は、後半から読まれることをおすすめします。

筆者は、念仏の体験を土台として話されています。頭脳的理解だけでなく、「お念仏申しながら」読んでいただければ、筆者の意図を感得していただけるでしょう。それは、文中にもありますように「浄土は観念的な論理によってわかるものでなく、信心の内容として感得される事実であるから」です。

さらに深く味わいたい方は、次の書物と合わせて読まれることをおすすめします。

『我が師村田和上』『歎異抄を読み解く』『真宗念仏講話』春秋社刊　真々園取り扱い

『教行信証を読む』『真仏教をひらく――ブッダから親鸞へ』『浄土のすくい――釈尊と七高僧』法藏館刊　書店取り扱い

「草庵仏教」を現代に実現するために、昭和二十二年に単立の宗教法人「真々園」が建てられました。月例の「要藉会《ようせきかい》（念仏実践の集い）」として桜井和上の化風《けふう》は今日も連綿として継続されています。真々園《しんしんえん》では、機関誌などさまざまな出版物やビデオ・カセットテープなども出しております。それらにつきましては、左記にお問い合わせください。

（桜井俊彦）

〒一七一―〇〇五二　東京都豊島区南長崎四―十二―十八　真々園
電話／FAX　〇三―三九五二―三七七六

桜井鎔俊（さくらい　ようしゅん）
明治33年、石川県中能登町、浄土真宗本願寺派明泉寺に生まれる。大正11年、龍谷大学卒業、卒業後２年３カ月間、伊勢の村田静照和上に師事する。信仰は村田和上、教学は大谷光瑞上人の影響を受ける。昭和22年、東京信徒の要請で都内に「単立宗教法人真々園」設立。月刊宗教誌『染香』発行。昭和31年、ネパール仏教会の特請を請け第四回世界仏教徒会議に出席。昭和35年、『真仏教』創刊、真仏教協会設立。昭和36年、東京に移住し求道者のための専門道場として真々園の経営に当たる。平成元年、満89歳で往生。
著書に『我が師村田和上』『歎異抄を読み解く』『真宗念仏講話』（春秋社）『教行信証を読む』『真仏教をひらく――ブッダから親鸞へ』『浄土のすくい――釈尊と七高僧』（法藏館）などがある。

浄土を生きる
二〇〇六年九月二〇日　初版第一刷発行
著　者　桜井鎔俊
発行者　西村七兵衛
発行所　株式会社　法藏館
京都市下京区正面通烏丸東入
郵便番号　六〇〇-八一五三
電話　〇七五-三四三-〇〇三〇（編集）
〇七五-三四三-五六五六（営業）
印刷・製本　リコーアート

ISBN4-8318-8995-4 C0015

教行信証を読む	桜井鎔俊著	二三三〇円
真仏教をひらく	桜井鎔俊著	八〇〇円
真宗入門	ケネス・タナカ著 島津恵正訳	二〇〇〇円
わが信心わが仏道	西光義敞著	二〇〇〇円
いのちを生きる　法然上人と親鸞聖人のみ教え	浅井成海著	一九〇〇円
親鸞聖人とその思想	信楽峻麿著	一六〇〇円
現代社会と浄土真宗	池田行信著	一六〇〇円
いのち、見えるとき	本多静芳著	一〇〇〇円